行者系列

眼随心动

历史研究的大处与小处

赵世瑜 著

北京师范大学出版集团
BEIJING NORMAL UNIVERSITY PUBLISHING GROUP
北京师范大学出版社

目录

◎ 自 序

本书的书名来自王阳明和他的朋友那段著名的对话。

王阳明的朋友指着岩间的花树问道："天下无心外之物，如此花树在山中自开自落，于我心亦何相关？"

王阳明回答："你未看此花时，此花与汝心同归于寂；你来看此花时，则此花的颜色一时明白起来，便知此花不在你的心外。"

王阳明的回答中未提到"眼"字，但核心就在"眼"，在你看或不看。我们常说的"眼睛是心灵的窗户"或者"视而不见"，就是这个意思。

这与"主观唯心主义"的标签无关。已有人解读过，王阳明此处的"心"并非友人说的肉体心或感知器官，而是他所谓的本心或经过认知而达致的"良知"。所以，唯物主义所讲的"实践出真知",和王阳明倡导的通过"躬行"达致的良知没有本质差别。由于我们对客观世界有了比较正确的看法,我们的眼睛才会看到一般人看不到或看到却看不出的东西。

宋代禅宗僧人青原行思说,参禅之初,看山是山,看水是水;禅有悟时,看山不是山,看水不是水;禅中彻悟,看山仍是山,看水仍是水。悟就是心,就是致良知;悟了,眼睛里看到的东西就变了。

老百姓不懂这些玄奥的道理,但他们懂得"情人眼里出西施"。如果没有感情(觉),或者认同,或者"良知",即使对方再美貌,也可能只是"粉骷髅",或者干脆视而不见;反之,即使相貌平平,也如西施一般。

正所谓,道不同,不相为谋。但尽管"道"不同,二者在认识的阶段性和本质问题上,还是可以有一致性或连续性的。

眼随心动。

据说学戏也有句话,叫做眼随手动,就是眼神要跟着手的动作移动;武术好像也是这样,叫做手眼相随,身形与心意契合,说的则是操作层面的道理。我们这几十年践行"动手动脚找东西",在生活体验中明白书本中的道理,从此看到的世界便不一样了。我们经常遇到学生说论文选题的困难,经常遇到学生田野选点的困惑,通常不知道该怎样回答,因为在我们的眼中，到处是问题，到处值得研究。我们也经常发现学生读前辈的文章不能真正读懂人家想表达的意思，而只是注意文章里说了什么，说明他们还只是在"看山是山，看水是水"的层次。我们学历史读文献，不仅要看人家怎么说，更要看人家怎么想、怎么做。

要做到这一点不容易，中外都有人讲"同情理解"（sympathetic understanding），但跨越时间和空间去理解"他者"，考验的不仅是历史学者的智商，也是他们的情商。我们虽采取的是"动手动脚"的笨办法，但秉持的却是"人同此心，心同此理"的信念，这样才能通过田野旅行去体会文献的文字背后人们的所思所想、所作所为。很多人对通过田野中的参与观察能帮助我们了解久远的历史这件事无法理解，这也无可厚非，因为历史学依赖的是科学主义的证据观念，因此人们对历史学者做田野的认识主要是搜集地方民间文献，至多不过是加强一点"现场感"，或者主要是以此研究比较晚近的历史。但是，我恰恰认为这是作为人文学科的历史学的恩赐，因为从来没有完全离开想象的历史学，当然也包括考古学，只是它们绝非毫无根据、不合逻辑的胡思乱想或无厘头的幻想神游。

突然想起20多年前我写过一篇叫《论历史学家的直觉》的文章，找出来翻翻，发现除了有些观念还有时代的烙印外，许多该说的话那时就已经说过了，所以附在本书中，也算是本书书名的一个注脚。

　　眼随心动，始终离不开手足并用。手足并用容易，眼随心动就难了。庄子说，"哀莫大于心死"，"心"是死的，目光必然呆滞。对于研究者来说，"心死"有两层意思：一层意思是我们俗话说的"死心眼儿"，这不是指坚守、执着等那种值得褒扬的意思，而是指固执乃至偏执的意思。记不清多少年前，我在会议上听到一位学者发言说，他从来不看外国人的书，以此表达他对"食洋不化"的不屑。我不知道他说的是不是真的。我当然尊重每个人的选择，不读外国人的书也能活得很好，因此绝不会出言反驳，但我从此也就对其敬而远之，甚至他的书也很少读了。

　　以不读外国人的书为荣，即坚持国粹，在我看来是一种偏执、一种"心死"，但还可以视为一种追求。但另一层意思的"心死"，就是对生活失去了追求，对美好没有了渴望，活着只是为了俗世间的责任和义务，因而颇近于行尸走肉。最近看美剧 *The Walking Dead*，对行尸走肉的状态有了直观的感受，但我们在真实的生活中看不到这种摇摇晃晃、只能发出低吼、见到活人就一拥而上的艺术典型，看到的是颇为正常的芸芸众生，他们彬彬有礼、温文尔雅，但实际上是在"心死"和不甘之间拼命挣扎。这种"心死"有程度之别，但都会影响他们对事物的判断。忘了看过哪部小说，书中男主出自乡村，后来在大城市里纸醉金迷、尔虞我诈，内心近乎崩溃，再后来回到故乡，嗅着泥土的芳香，心又开始活转。这固然是类似鸡汤的文学浪漫，但表达的却是眼前的现实。对于我们的研究来说，对生活失去了追求，对美好没有了渴望，我们就不能很好地理解人乃至这个社会。王国维的心死了，他无法再通过自己的笔表达他对人生的看法，便自沉于昆明湖。

我们无权对以上两种"心死"品头论足，我们必须对所有人的选择表示理解和尊重，因为我们几乎都在某种程度上存在偏执，或者因为面对国家、民族、朋友、家庭乃至个人感情上的伤害、挫折和困境而痛苦，甚至绝望。但我希望我们始终能找到追求生活、渴望美好的理由，不致在肉体死亡之前心如死灰。我们要时刻提醒自己，惟有心不死，我们的眼睛才能在黑暗中寻找光明。

写到这里，话题有些沉重，与书中的文字好像有点格格不入。但所选文章是在这 30 年的不同时间写成和发表的，只有做了编年，才更容易体会到文字背后的岁月沧桑。不过，它们所表达的，都是我蹒跚前行的心路历程。一篇学术论文，一部学术著作，把许多真情实感都掩盖起来了；这里所显示的虽然并非我的"非学术"文字的全部，但也因此有点意义。我很佩服顾颉刚先生这类学者，除了那么多学术作品之外，还有那么多日记留下来，供后人一窥其心灵。我除了极个别的事情，基本没有这种坚守的心志，兴趣芜杂，甚至"朝三暮四"，故无望成为好学者，只是在追求生活的美好这一点上，"唯，不敢忘"。

是为序。

2018 年初秋谨识

边走边看

◎ "孔雀西南飞"

（一）

时隔三月，我又到了桂林。

这次因为行程的安排，我没有再随大家重访大藤峡，但为了"应付"会议，凑合了一篇关于云南的文章。由于没有研究，肯定是即兴地乱写的，但文章中重点讨论的那份族谱，是在大理的喜洲镇购得的，这不仅勾起我对大理的回忆——蓝天下的苍山洱海，那不像凡人居住的地方。我们拍的照片，似乎都可以上画报，但那不是因为我们的摄影技术，而是因为那里的景色。

近年来，我对华北关注得多一点，对西南并不了解。

2007 年 1 月，广西桂林恭城文庙泮池及墙边的碑刻

其实，很多人与我一样，对西南、西北，甚至对自己的家乡都不甚了解，但是很能对中国侃侃而谈。我很惭愧，希望能真正了解中国，至少希望这辈子能稍微了解一点中国的一个局部。

说到这里，我想起费孝通先生谈到老同学利奇对他的批评，其中之一是说个别社区的微社会研究是否能概括中国的国情。费老的答案是，虽然个别社区不能称为典型，但却可以代表一种"类型"。因此，"竹筒"窥豹，可见一斑。

这样的批评也常见之于针对我们的区域史研究。我没有社会科学的雄心，但也还是希望以此为出发点去了解整个中国，而不是掉过来，自以为了解中国，再用这个假想的"中国"去指导对中国的研究。我不敢说我们研究区域社会就一定多么鞭辟入里，但这样也许我们了解的历史可以更多样一些、更鲜活一些、更细微一些，不都是大话、空话，甚至假话，这便足矣。

去桂林之前我到了成都，那是我的老家。其实也不算祖籍，因为父亲生在成都，那里便成了我的老家。而我的祖籍在川北的阆中，那个以张飞闻名的地方。到了成都后的最大变化，便是我不由自主地改了乡音，尽管有些发音还不是很地道，但在那个情境中，变"地道"的过程是很快的。在亲戚们中间的感觉，使我很难产生"独在异乡为异客"的心态。20多年前我的结婚旅行，就是自云南而四川，再经三峡北上的。

"巴东三峡巫峡长，猿鸣三声泪沾裳！"

这也许是我的西南情结吧！

（二）

在通史里面，西南是没什么地位的。

中国的历史学传统是采取夷夏观念的，也就是说，华夏之外便是四夷。西南那里有西南夷，汉武帝的时候派司马相如去过，后来三国的时候武侯在那边"七擒孟获"，展示的也是以夏变夷的力量。包括较早的楚国庄蹻入滇故事，都是一种帝国势力由中心向外扩展的话语。

到了现代的通史，讲到唐代时稍微提一下南诏，宋代时提一下大理，四川和贵州就不太知道了。提到前后蜀的时候，一般人的脑子里只剩下孟昶的八宝溺器；而关于古代的贵州，甚至只有一个成语和关于驴子的寓言。

这个传统之对待西南，基本是一个单向的自上而下的过程，就是以夏变夷。这个传统到了清代变化也不大，看看我们怎么评价改土归流？这个政策的实施加强了中央集权，巩固了西南边疆与中央的联系，云云。

地方史志传统扮演的是个很有意思的角色。从大处来说，它还是属于上述历史学传统的，但相对于国史而言，它是强调地方特色的。从古至今，许多地方史志是地方学者编修的，他们一方面强调国家的正统地位，另一方面又并不十分情愿，会在许多地方凸显自己的地方文化传统。甚至有些从内地来这里做官的汉人，也因对地方情况多些了解，比中央那里对本地多几分同情。

其实对地方史志传统做一番同情理解式的钩稽是蛮有意思的，但对它们进行研究如果只是走过去的文献学的老路，那就很难有什么新解了。我们必须把它放回到本地的历史里面去。想想现在，某地新修一本地方志，是编一本书那么简单吗？弄得不好，也许会影响当地的政治生态。

这个传统实际上体现了一个不断被改造的地方叙事。一方面它是讲本地的事情，这个本地的版本具有与国家的版本不同的地方；另一方面这些不同之处又往往被压制在一个共同的模式之内，所谓万变不离其宗，于是这些地方版本便被改造成国家话语的论据。在历史的变迁过程中，新的地方历史版本不断冒出来，又被不断改造。这个过程，也体现了小历史与大历史的互动。

较早关注西南传统的是人类学（民族学）。这个传统解构的是历史学传统中那种文化的同质性，强调的是文化的多样性，认为不同的文化不仅在价值上没有高下之分，而且都具有一个变迁的过程。

人类学传统从一开始就不重视"中心"，相反，它重视"边缘"，通过理解"边缘"来反观自己，加深对自己的理解。无论是中国人还是外国人，无论是20世纪初还是现在，云南、贵州、广西、四川都是他们的乐土。在这里，即使是中国学者，也产生了《云南三村》《祖荫下：中国乡村的亲属，人格与社会流动》等有国际影响的成果。

造化弄人，一场空前的灾难把一群高水平的学者驱赶到了西南，他们在这里进行了民族学、社会学、地理学、语言学以及历史学研究，可以说是意外地给西南研究的学术史也即给中国现代学术史留下了丰富的遗产。但这并不是终点。文化的多样性仅在共时性的结构里是很难得到理解的，即使是这些多样性，我们以往认识得也还很粗浅。

我突然想起在丽江看的宣科的演出，说是纳西古乐。他的串场真的是很精彩，但音乐就的确不是本土传统音乐了。这也无所谓，但是这些道教仪式音乐何时及如何变成了地方音乐，它们究竟在地方扮演着什么角色，倒是我感兴趣的问题。

（三）

研究西南的三个主要的传统给我们今天的研究取向提供了重要的背景，也提供了无法逃避的反思的资源。问题是，这三个传统是如何看待中国的。

所谓"西南"当然是指中国的西南，或者中原王朝的西南。司马相如开辟西南夷，当时的国都在长安，那里是西南；后来的国都在开封、在北京，越来越向东向北，那里更是西南。但这个本来没有疑义的问题，也不是没有讨论的余地。

问题就在于，如果我们是历史主义者，或者尊重历史，就会知道，无论中国还是任何什么地方，都是历史的产物。也就是说，它们不是一成不变的。比如说，北京所在的燕蓟，在周秦之时，就可能是"东北"，而北京做了都城之后，关外才成了新的"东北"。

同理，在某个历史时期，在另外一群人看起来，"西南"也可能不叫西南，它也可能叫"东北"或者叫"北方"。比如说，云南元谋出土远古人类化石，我们只能说在今天中国境内发现了约170万年前的远古人类化石，而不能说发现了多少万年前的古代中国人，因为元谋人那个时代，还不存在中国，什么国都不存在。

在这个过程中，中原王朝的拓展的确是一个很重要的动力，'但南诏、大理的兴起就未必是这个动力的产物。前者在明代是个转折点，但这也是承袭了元朝的遗产。

历史把拓展东南交给了宋代，把拓展西南交给了明代，而把拓展西北交给了清代。虽然这些工作在各自的前代乃至前几代都已初露端倪，虽然后面还在继续完成前代未完成的事业，但转折是在这三个时代发生的。

（四）

考察这个历史过程，还是需要从材料出发，这个"材料"

包括各种文本及其语境。

我国台湾地区的学者爱使用"文类"这个词，大概就是不同类别的文本之意，不同的历史文类，就是指各种不同的文献、实物、口述传统、仪式等，也即我所谓传递历史信息的各种声音。

对这个问题的重视，是我们与人类学学者最能互相学习的地方，是最能在历史认识论上获得新进展的地方，也是我们历史学者走进田野的重要动力，或者是我们把寺庙、祠堂之类视同于图书馆、档案馆的原因所在。一些学者不住指摘所谓"在地化"的局限性，却忽视了我们这样做的深层含义是着眼于历史认识论的。

一位历史学者的最终追求应该是通过方法论的创新去深化认识论问题。

互相关注的人类学家和历史学家坐在一起的时候，总是互相善意地嘲笑：人类学家说，历史学家虽然也看了仪式，但总是对仪式之类现实的、活的文本关注不够，缺乏深度的解析；历史学家说，人类学家虽然也注意了历史，但完全不在乎，比如说，宋与明之间还有个元，因为对他们来说，无论宋明反正都是距离现实遥远的历史。

这都可以理解。对于前者来说，他们的关注对象是已经完全消逝了的东西。他们关注现实中的口述文本或者仪式展演，只是试图从中发现传递历史信息的部分，但同时他们清晰地知道，无论它们传递了多少历史信息，它们都是以"今天"为终点的一个历史的过程，而不是那个过去某一时刻的历史。

对于后者来说，关注历史不是为了还原或者重构过去，而是为了理解留传至今的文化传统。"不知有汉，无论魏晋"，对他们似乎不存在这样的疑问。一个现实人的时间感（temporality），是压缩饼干式的，准确地说是以个体经历为阈限的。你问一个小孩子"文化大革命"，他或许觉得和清朝一样久远。

双方都不打算吃对方那碗饭，因此这种区别是始终存在的。只是，当历史学家观察仪式或者进行访谈时，他们要锤炼从中发现过去的眼，要把这种文本或文类与其他历史文本或文类进行比对；而人类学家在使用历史文献时，就必须按照其历史生成和重构的逻辑进行文献学的解读。

在桂林的会议上，有位从事考古学研究的青年学者讲过他的一项物质文化史的研究，说的是云南省楚雄彝族自治州大姚县的石羊镇文庙的明伦堂里，有件文物，是分为六扇的石刻，上面是彩色的图画，间有文字。大致说来，该石刻的内容有李卫过洞庭遇土主显灵的故事、孙可望部将张虎遇土主显灵而止杀的故事、封氏投井遇土主显灵的故事等。这使我产生了极大的兴趣。

《土主显灵图》

这位学者解释说，石刻被放在文庙里，图画内容长期以来被误导为一种忠孝节义的道德解释，但经过考察，发现该石刻原本置于石羊的土主庙中，1962年才被移放到文庙中。这样一来，图中的内容就可得到更符合本意的解释了，那就是这件作品本应该是《土主显灵图》，因为那里面讲的历史人物都与石羊土主七星神的佑护有关。

我没有读到文章的原文，也还没来得及到当地去考察和阅读地方文献，只是产生了一点联想：作为一个历史学者，把它还原为《土主显灵图》显然并不是终点。我们该怎样面

民国十六年（1927）大姚县收放盐斤簿

对这样一种明显传递历史信息的文本？

　　大姚是生产井盐历史很悠久的地方，有所谓黑井与白井之分，已有学者的研究涉及清代以来井盐生产的制度与习俗。那么对于这样一个以井盐生产为主要经济来源和对外交往基础的地方来说，究竟有哪些事情重要到可以进入地方的历史记忆，甚或成为土主灵验的事迹而被以图像的方式记录下来？

　　显然，清初的孙可望入滇和清中叶的李卫来任对当地生活产生了巨大影响，成为某种重大变化的事件象征。这两个事件的主人公都是明朝秩序的对立面，因此他们所代表的不仅可能是对盐业利益的重新分配，背后恐怕还有更为重要的制度和秩序重建问题。不要忘了，前者处于明清之际，而李卫那个时代则正是大规模改土归流的时代，投井的封氏正是地方的代表。

于是，我们不得不去深入探讨这里的生产方式、政治事件、社会组织、族群关系。还是所谓的小历史与大历史。

（五）

据说人们曾用"孔雀东南飞"来形容人才的流向，其实还包括财富的流向，这也是历史，但并未过去。

东南财赋地，江南人文薮。

我曾经对历史上江南文人那么看不起北人百思不得其解。这从南朝时候就开始了，尽管那时那里还不怎么发达，甚至还在刀耕火种，但这种观念到宋代就基本定型了。在元、明、清三代，这里就是北京朝廷的对立面。害得清朝皇帝一边大兴各种案狱，一边跑到这边来不断视察。

有一天我终于明白了，江南文人根本不认为北京朝廷是中心，无论是在地理上还是在文化上，他们那里才是汉人传统的中心。而北京如果说是中心的话，在他们看来，那是在更西更北的草原帝国的中心。

这是一种心理。

江南曾带给我最美好的回忆，也许还有淡淡的哀伤，但西南却带给我亲情，那里有我的血脉。

◎ 没话说与找话说

牛郎织女传说与人文研究的
范式转换

　　过去人们常说库恩的"科学革命"的范式转换，人文
研究不同于科学研究，大概范式的转换也不同，总之没那
么伟大。

　　最近我应邀参加了一个关于"牛郎织女传说"五卷本的
首发式和讨论会，会上听了很多高见。一些朋友批评现在很
多研究是在炒冷饭，我很同意，当然这不是这一个领域的问
题，也不是现在才有的问题。问题在于为什么明明在原有的
路数上已经没话说，却还偏偏要一遍遍地讲，难免大家厌烦。
我也不知道自己会不会让大家厌烦，于是干脆溜之乎也。有
些话放到这里，不浪费大家的宝贵时间。

　　"没话找话"，本是贬义的说法，其实要看怎么理解。
一种做法做到头，就是没话了，如果没这个意识，还觉得有

话说，大概脑子就有点不清楚了。没话以后怎么办？就要找话，怎么找呢？要找不同的说话路数，路数和以前不同了，那些话可能就有了点新意。这大约就是人文研究的范式"革命"，就这么简单。

说话容易做事难。

这个会的缘起是山东沂源县做起来的。沂源这个地方在古代有个织女洞，后来隔着沂河当地人又建了一座牛郎庙。这个地方有一个大姓孙氏，自称牛郎的后代，于是这个村便叫作牛郎官庄。山东大学民俗学所的师生发现了这个地方的丰富民间文化，来做了多次调查，并且开过一次国际讨论会，最后有了我们面前的这套成果。

牛郎织女传说是全国各地多见的，是七夕传说的主要内容，身列四大民间传说之一。谁也不能肯定地说，沂源就是这个故事的发生地，或者是这个传说的源头。但是问题在于，过去脱离了一个具体的生活情境或者历史的语境，如何讨论这个传说呢？无非有三（或更多？）：传说的起源、母题与异文、文化意义。这些研究只与文本有关，而与人及其生活无关。

试想，如果没有人，这些传说有什么用？不理解人，理解这些传说有什么用？能真正理解这些传说吗？"沂源的牛郎织女研究"，而非脱离具体时空的牛郎织女研究，意义就在这里。虽然，我们不好像地方上那样给沂源命名为"中国牛郎织女之乡"，但它却可以是牛郎织女传说的研究之乡，因为这个传说可以在这个地方具体化、生活化，无论是在历史的层面上，还是在现实的层面上，甚至是在传承与变异的意义上。

山东大学的师生们基本上是全方位地搜集了本地的资料：碑刻、族谱、传说、戏曲、宝卷、仪式。这种资料搜集的路子本身就已经超越了过去民间文学研究的框框。我没去那里做过调查，没有什么发言权，但启示还是有的。从五卷本提供的资料中，我至少看到两点：一是同一语境下的不同话语，二是不同历史时段下的不同建构。

这里现存最早的碑刻是北宋元丰四年（1081）的。碑上题写的地名是沂州沂水县积善乡西李上保（《沂源民俗》上说唐宋时期沂水县属莒州，看来不准确），这个保应该是王安石实行保甲法的产物。碑文中出现的另一个地名是刁村，总之没有牛郎官庄这个名称。宋代没有这个村庄的名称也好理解，但在金代和明代的碑刻中也没有出现过牛郎官庄！难道本村民国《沂水孙氏宗谱略》中记载祖先明末迁到牛郎官庄的说法不实吗？更离奇的是，在清代的碑刻中，有附近各个村庄的名称，却基本不见牛郎官庄的名称，只有光绪二十一年（1895）的一通碑刻碑阴题名之最后，出现了"牛郎"二字！

道理何在呢？虽然我们不知道这个村名何时出现——也许不会很早——但显然没有理由怀疑它自清代以来的存在。不过，可以肯定的是，这个织女洞及其附属寺庙主要并不是与牛郎官庄存在联系，而是更大范围的村落的祭祀场所。

明代的碑文中说，根据志书，唐代人听山洞里的滴水声很像织布机的轧轧声，于是命名其为织女洞。这个说法其实很简朴自然，没有那些很传奇的说法。但北宋的碑文中还看不到织女传说的痕迹。文字很像魏晋隋唐时期的造像记，为"大宋天子""赵王"祈福，为天下祈福，还有"众生垢重，何人无罪，何者无愆"这类佛教观念。此外，主事者分别为都维那、维那等，说明立碑者均属佛社。金贞祐墓塔虽在大贤山上，似乎与此织女传说也无甚关系，只是说明此时道教势力开始进入此地。

这里现存明代最早的碑刻是正德六年（1511）的，碑文中记述了正统到弘治年间重修迎仙观玉皇庙的情况。重要的是这里最早提到了"织女"："所谓山之大贤者，因织女之称也"。这个说法其实也是很个性化的，因为很少有把织女称为"贤人"的。无论如何，从这以后的碑文中关于"织女"的文字就屡见不鲜了。或者说，除了在迎仙观等道教庙观以外，人们也开始塑造织女洞这个神圣空间。尽管如此，织女洞附近的迎仙观与织女洞还是两个不同的系统，迎仙观始终是一个覆盖空间更大、在地方更具主导性的力量。

　　有了织女，牛郎也就呼之欲出了。到了明朝万历年间（1573—1620），有个姓王的知县便倡议在织女洞对岸修建牛郎庙。在同时期的织女洞碑记中，也出现了"昧牛官庄"的村名。天启年间的碑刻中便有了"牛郎织女隔河相望，此其景，正所谓人间天上者也"的感叹。

　　我们并不十分了解这个王姓知县修建牛郎庙的真实动机，难道只是为了给织女洞凑趣？还是这个王姓知县的说法只是个幌子，背后还有其他人的介入？我们知道，这个牛郎庙是在河对岸的村里，村里比它更早的还有东岳庙。在它对面的山上，虽有织女洞的说法，但最彰显的还是迎仙观。如前述，迎仙观面对的是更大、更远的空间，与距离最近的聚落关系也许却相对疏远，这种情况在很多地方并不乏见。到了明末，是否本地人开始努力营造与织女洞的联系，而修建属于村庙的牛郎庙只是这一努力的手段？

　　如果是这样，那么表面上凑在一起的地方神庙，实际上却暗含着某种张力。

　　假如真的存在这种张力的话，牛郎庙的力量显然是微弱的。这里现存的碑刻都是晚清以后的，而且光绪和宣统年间的碑刻都是重修迎仙观的记录，只有唯一的一块民国十二年

（1923）的碑刻是记述重修织女洞和牛郎庙的。据说以前这个牛郎庙只有三间房，本来是前人用鹊桥之事"以点缀山林"，好歹这时多少有了"牛郎织女"的声音，虽然它一直比道教的迎仙观的声音小得多。

与我们所做推测相符，自称明末清初迁来本村的孙氏也是从清中叶开始崭露头角。按任双霞的分析，在嘉、道时期的碑刻中出现的孙姓可以在族谱中找到，此后便更多见，这可作为牛郎官庄村落力量崛起的表现。我推测，牛郎姓孙的故事，包括牛郎织女的故事，都和这个姓孙的家族在这里的发展有关。

在1000年左右的时间里，有一套话语是迎仙观主导的：原来的佛教的一套被迎仙观道教的一套逐渐取代了，慢慢又有了一点三教合流的东西，但基本上是道教的，这个传统至今未变。另一套就是牛郎织女的话语，这个在某个不清楚的时代有了萌芽，但一直未得彰显，到了明末开始有了起色，但仍无法与前者相比。至清中叶又得到加强，但依然处于从属性的地位。甚至，尽管牛郎庙建在村里，但作为村庙的特性并不彰显。直到今天，对"非物质文化遗产"的重视也许会改变它的地位。但在老百姓那里，在当地的日常生活中，情况可能会是另一个样子。我们看到，到这里来烧香的妇女差不多都是来拜老母的，和牛郎织女没什么关系。

说到这里，想到已故的迎仙观张道长被列为牛郎织女传说这个"非物质文化遗产"项目的传承人，还有我们行当的知名学者与他一起合影，不禁哑然失笑。

另有一套话语是我们不清楚的，就是迎仙观无生殿所代表的民间教门的系统。我们注意到五卷本中收录的佛曲涉及无生老母信仰，但我们对此还说不清楚，只是这一与民众生活干系极大的信仰体系还是附着在迎仙观的系统上，而与牛郎织女的系统没有什么关系。

以上大约就是我的"没话找话"，当然完全不是研究，这只是初读材料的即兴感受。在这里，我们还没有集中于口述文本或其他文类，但至少没有重复前述三个研究这类传说的路径，是否算是找到新的话头了呢？

见仁见智吧。

◎ 秋日甘青行

　　我跑了许多地方，但惭愧的是，陕西关中地区以西的地区，从未涉足过。此次从北京出发，在西安咸阳机场会合诸友，次日晨前往天水，参观麦积山石窟。途中先向西走凤翔，沿渭水到宝鸡，一路西行。2日当地有雨，但游客依然如织。在麦积山脚下，当地人说"麦积烟雨"是难得一遇的，让我们赶上了。

　　3日晨天放晴，早上去了天水城里的伏羲庙，两边碑廊里有十几块碑，都拍了，但未及细览。后面有个博物馆，做得不显山不露水，但很有品位。天水城在一个狭长的谷地，南北均为山，我好奇古城居然被分为五块，大约是从中间的方城逐渐向东西两侧扩展而成。因为没有事先做好功课，没读地方志，所以还不知道真正的答案所在。

自麦积山石窟远眺

　　因为赶时间，所以天水城的其他古迹未及看，匆匆上路，经甘谷、陇西，向西经渭源，向西南前行，仍在渭水的流域，但从关中到天水之间擦过秦岭的南麓，经汉水的景观，已经变为明显的黄土高原景色。我们经会川镇略向北行，穿山越岭，向西南方向的冶力关进发。当日下午抵达冶力关，骑马上山，并乘船游湖。因时间关系，没有能够去看湖对岸山上的庙。那个庙也是青苗会系统的龙神庙。下山后天色已黑下来，路上摸黑看了个磨坊。

　　当晚宿冶力关，次日（4日）回到冶力关景区的路上参观了常山庙，庙里供的是常遇春等龙神，这个青苗会的系统很大，不仅在汉族地区很有势力，土族也有这个组织，但供的神不太一样，不过都溯源到明初（洪武十三年，1380）。这个地方（属康乐）是汉族、藏族等杂居的地方，在景观上有非常清晰的表现。

离开冶力关后，向西南的临潭（即明代洮州卫）进发。临潭有新老二城，现在的县城是老城，据说在吐谷浑时代就已成行政据点。我们先去了新城（即明代的洮州卫旧址），现有卫城南城门和部分城墙保留，还有规模很大的城隍庙，有一些碑被罩在玻璃柜里，拍不太清楚。这边的花儿很有名，我早有耳闻，但从未目睹过。在这里，我们还参观了一所民

冶力关常山庙

刘顺古堡

国时期建的学校，现在是临潭三中，顾颉刚西北考察时来过
这里。

最令人振奋的是，我们离开冶力关后，中午在羊沙乡路
边吃了碗面，就到了流顺乡。这里因有刘顺古堡而得名。刘
顺是明代的一个百户，世居于此，盖无疑议。堡城门极高，
上有标志性的关帝庙，并供有真武像，是典型的卫所系统下
的堡寨。堡墙四围为夯土，与城门相对处有座庙，因上锁而
未进，格局非常完整。重要的是刘顺的后人给我们展现了明
代洪武到正统年间的三份文献原件，两份是敕书，一份应是
承袭百户的履历状，材料均为帛。两份敕书的字是绣的，履

青海平安洪水泉清真寺

历状为墨书。

　　我们离开新城后即折向东南方向的卓尼县。当晚宿卓尼。5日晨早饭后离开卓尼转赴临潭老城，即今县城。在那里看到了不同教派的清真寺，并参观了一座规模很大的"五国王庙"，也是青苗会系统的龙神庙。这座庙留下了若干清代的契约文书，使研究者能够略微清晰地了解这里的汉族、回族等民族之间的关系。

　　随后一路向西北行进，进入了青藏高原的边缘。我们在合作市（甘南藏族自治州州府）吃午饭，后继续西北行，前往拉卜楞寺所在的夏河县。中间翻越数座大山，道路难行。

下午参观拉卜楞寺，寺中只有一座建筑是汉式风格的。河对岸有座关帝庙，非常不起眼，没什么香火，也没有碑刻，与黄教的拉卜楞寺有天壤之别。当晚宿夏河。

6日一早启程，开始爬山，途经甘加草原，随时可见牦牛和羊群。途中远远望见雪山，海拔最高处3600余米。休息时享受了非常新鲜的牦牛酸奶。据说顾颉刚当年因高原反应而失眠，当地人告之饮酸奶，顾先生喝了以后颇为见效。我们一行人都有失眠的反应，于是也买了酸奶喝。不过，至少对我是效果甚微。

继续西北行后，经尖扎县并路过西宁市，前往塔尔寺。晚间时任青海社会科学院院长的赵宗福兄等设宴款之，遂宿西宁。7日晨，该院历史所及民族所两位研究员陪我们到平安县（今平安区，海东行署所在）和乐都县（今乐都区）分别参观一座清真寺与一座黄教寺院，虽然需要走山路，但真是大饱眼福，两处都是汉式建筑，都有明代风格，震撼的感觉甚至超过了著名的拉卜楞寺和塔尔寺。直至下午3点，不得不赶往机场，赶5点左右飞往广州的航班。西北之行结束。

此行虽多为走马看花，甚至多数时间都在路上，但由于新奇和陌生，感到震撼之处甚多。同时，亦觉可研究之处甚多。我们这群人的"历史人类学"或区域社会史在西北地区用力甚少，对于中国历史的解释力就有了欠缺。特别是这一带的历史，无论上古和中古时期有多少遗存，由于伊斯兰教和黄教的深入，特别是清政府的着意经营，使得明清时期的帝国历史具有非常不同的内容，而明代的卫所、土司设置也面临与华南地区完全不同的挑战。

一路上大家自然拍摄了不少照片，这里挑出两张我自认为不错的供大家分享：一张是在拉卜楞寺拍摄的，另一张是刚过甘加草原后进入青海买酸奶的时候拍摄的。藏族男孩，一僧一俗，童趣盎然。

（2012 年 10 月 8 日）

拉卜楞寺的小喇嘛

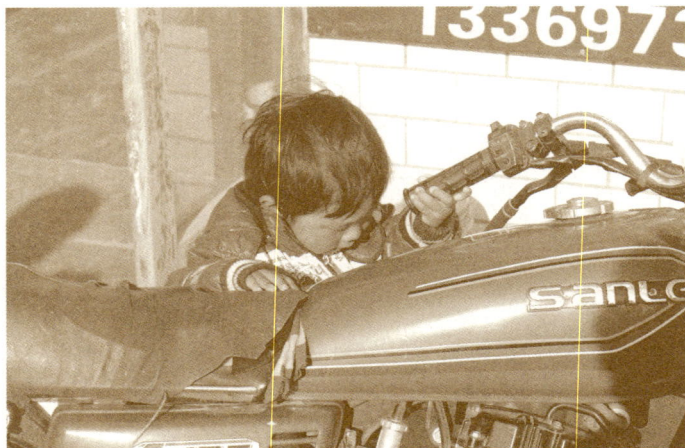

过甘加草原后路上的藏族男童

◎ 山西柳林"盘子"会

今年的正月十五我是在山西柳林过的。

如果用当地方言来说的话，"柳林"读成"lia líng"，是个不太为人知的地方。

这大概是因为它在1971年才建县的缘故，过去只是清代永宁州的一个镇，知名度当然不能与太原、临汾，甚至平遥、五台相比。我过去在山西跑过很多地方，比较多地在太行山的南麓，但从没有到过吕梁山区。郭兰英唱的《人说山西好风光》："左手一指太行山，右手一指是吕梁"，歌词中右手指的地方，就是我这次旅行的目的地。

正月十四这日从太原驱车西行，一路经清徐、交城、文水、汾阳和吕梁市的地界，两个多小时后便到了柳林。这里

柳林的黄河岸边

在前一天刚下过雪，虽然天已放晴，但经过吕梁山的时候，还可看到未曾消融的残雪，在阳光照射之下颇为耀眼。由于最近的天气变化，煤的需求量大幅增加，高速公路上川流不息地奔跑着大型的运煤车，不时出现拥堵的现象，有时还能见到交通事故，倾洒的黑煤与山上的白雪形成强烈反差，似乎成为我们这个时代的写照。

柳林的元宵节以"盘子"为特色。所谓"盘子"，是柳林镇和邻近的穆村镇街市上特有的一种神阁或者神楼，高三四米，顶的形状类似亭，或单层、或双层，或四角、或六角。阁中多供奉三官、财神、送子观音等，最中间往往也供着一个神主牌，上书"天地三界十方万灵真宰"；里面最多的还是一些面制供品，其中最重要的是个白面做的罐子，外面镶嵌着红枣，里面装上花生等物，当地称"枣洞洞"。祈子者敬神后把这个"枣洞洞"带走，如果祈子成功，第二年要再送回新的"枣洞洞"，并送上同是面制的小鸡。

正月十五的下午，供造"盘子"的几户人家便开始准备点旺火。他们在"盘子"的前方用煤块垒起一座下宽上窄的圆柱体，最下面留出一个塞柴火的小孔，百姓称为"火塔塔"或"火炉子"。天黑后，人们开始把旺火点着。慢慢地，整个旺火堆燃起火苗，伴随着富有节奏感的音乐，人们手舞绸扇和绸伞，在旺火前跳起秧歌；有的还在旺火前弹唱，有男有女，边舞边唱。人们一面在旺火前伸出双手取暖，一面听着弹唱，脸被火焰映得红彤彤的，不时被诙谐逗趣的唱词引出会心的微笑。

有的地方把"盘子"的规模做得很大，在它后面摆上一座九曲黄河阵。城镇里比较富裕的用铁架布置；乡村里因

柳林"盘子"

陋就简，用树棍搭。因为要装点灯饰，所以又叫九曲黄河灯。逛灯的人手擎一炷香，在其中穿行，走过一阵便磕磕烟灰，据说转完这个阵，可保一年健康平安。这就让我想起了文献中记载的正月十五"走百病"的习俗。

"盘子"主要出现在这两个城镇，乡村里很少见。有的学者认为这与城镇商业的繁荣有关系，是商业店铺的发明，甚至称它为"盘子"也是出于商人占据和维护买卖的"地盘"的缘故，成为商业店铺推广其商品的另类"招幌"。这个解释颇有说服力，因为柳林紧挨黄河东岸，自古便是著名的山陕商人来往贸易的主要通道，商人的作用可想而知。

商人的活跃或许说明"盘子"只存在于少数城镇，但另一方面，乡村中虽没有太多的店铺，却并不乏与"盘子"具有同样功能的寺庙。这次由于时间太短，只去了柳林的香岩寺、玉虚宫、娘娘庙，孟门的南山寺。但据县文物部门的同志介绍，文物普查时，大小寺庙有数百座。穆村的沙曲村南面依山，北面临河；山上有山神庙，山麓有龙泉寺，村东和村北都有天官庙，村北还有魁星楼；在西边的村口处，山西许多地方都称为"阁"的过街楼的二层，也是个小庙。

围绕这些寺庙，都有日期固定的庙会。年节神诞，人们都会到寺庙来举行庆典活动。根据当地人的调查访谈，香岩寺是四月初八的庙会，玉虚宫和锄沟钟楼山是三月初三的庙会，辉大峁是清明的庙会，刘家焉头和薛村的观音圣母庙会是二月十九，等等。与这些固定的、以建筑为形式的寺庙互相配合，柳林的"盘子"实际上就是临时性的、可流动的寺庙，因此柳林的一百多处"盘子"，就是正月十五的一百多处"盘子庙会"。

（2008年3月1日）

◎ 田野中的"大历史"

读碑札记一则

2004 年 4 月 9 日，我们按照计划前往湘西永顺县的老司城——据说是延续了 800 多年的溪州土司王的统治中心。行前，在从永顺返回张家界的路上的中央民族大学徐永志教授打电话告知我，从永顺县城到老司城的道路已断，无法乘汽车前往，必须乘船，逆猛洞河而上，至祖司殿再弃舟登岸。不料因为下游地区旅游业发展的需要，人们将水坝的水放下去，上游水浅，露出一处处浅滩，机船无法前行，我们只好提前下船，走三四公里山路到老司城村。

之后的山路行走是出乎意料地艰难，有好几处地方至今想来令人后怕不已。那个过程可以专门撰文描述，这里可以忽略过去。到了老司城之后，我们顾不上吃饭，就去看保留下来的明清碑刻。在路上，当地一位非常熟悉地方历史的老先生不经意地说起，在附近的田里有块墓碑，碑上记载的卒年令他大惑不解——上书此人生于明某某年，殁于周某某年。

根据我的明清史常识，我大概已有了答案，但必须目睹，加以证实。

墓碑的周围都是一小块一小块的耕地，农民还在那里挑水灌溉。墓碑做成小房子的模样，上端有顶有檐，字刻在藏在里面的碑壁上，其文字及格式是这样的（其中"乾山巽向"四字表明坟墓的方位，即坐西北而朝东南）：

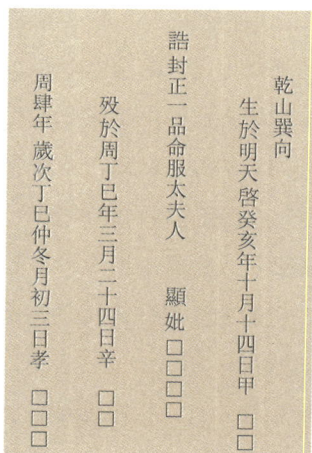

乾山巽向
生於明天啓癸亥年十月十四日甲

誥封正一品命服太夫人
殁於周丁巳年三月二十四日辛
　　　　顯妣□□□

周肆年　歲次丁巳仲冬月初三日孝
　　　　　　　□□
　　　　　　　□□

看到这块碑后，我已然可以断定，这个"周"乃是吴三桂反清即"三藩之乱"时的政权名称。明天启癸亥年即天启三年（1623），周丁巳年即康熙十六年（1677），吴三桂于康熙十二年（1673）年底起兵反清，从十三年（1674）算起，正好是第四年。而墓主终年54岁，亦属合理。

吴三桂反叛后建立自己的政权，开始并无年号，只说改明年为周王元年，直到政权即将灭亡的康熙十七年（1678），他才在湖南衡州称帝，国号周，年号昭武。康熙末年刘健写的《庭闻录》中说："十三年正月，三桂自称周王，有某生者上书极谏，大略谓'宜奉明朝'。"[1] 从此墓碑可以看出，吴三桂政权的纪年确实从康熙十三年就开始了，而非自康熙十七年始。事实上，康熙十七年即吴三桂昭武元年，不会再称周某某年。而吴三桂不久便去世，

老司城墓碑

康熙十八年（1679）已是吴世璠洪化元年。

　　非常遗憾的是，由于碑的破损，我们无法知道立碑者的情况，墓主似乎姓王，她如果真的被封为一品诰命夫人，她的儿孙恐怕也不是默默无闻之辈。有一点是毋庸置疑的：立碑者是吴三桂的手下，是奉吴三桂的正朔的。经历了清朝平定"三藩"，将吴三桂打入"逆臣"的行列之后，这样的实物还能遗存下来，恐怕也只有在湘西的大山里才有可能，至少我是第一次见到。

　　吴三桂起兵之后，主力北上湖南，侧翼攻入湖北、四川，江西、两广、陕西也都起兵响应。吴军在一段时期内占据了

---

[1]　（清）刘健：《庭闻录》卷五，叶4，上海，上海书店，1985。

湖南大部，在以长沙（府）为中心的湘江沿线与清军拉锯。湘西因与贵州、川东接近，也已成为吴三桂的势力范围，按当时领兵平叛的湖广总督蔡毓荣的说法，"夫岳、常者，辰、沅之门户也；辰、沅者，滇黔之荣卫也，而贼所恃为险要，死守拒命"①。辰州是永顺、乾州、凤凰的东邻（州治为今沅陵县），沅州是凤凰的南邻（州治为今怀化市），刘健《庭闻录》卷五记载，这些地方都为吴三桂的势力占据，这里出现奉吴三桂正朔的人也不奇怪。

在我开始提出墓主与吴三桂的支持者有关的想法时，当地学者首先觉得奇怪，因为据永顺县《彭氏家谱》，"康熙十九年（1680），吴三桂踞荆湖，以兵临辰，授各土司印札。廷椿父子拒吴，缴其札三纸，印二颗，并献雷公阻铁户等处地于清军"②，后又帮助清军攻克天险辰龙关，"以功颁给康字号永顺等处军民宣慰使司印一颗，授其子弘海总兵衔"③，怎么可能附逆？问题是，清代编修的族谱，怎么可能写他们家的祖先有"附逆"的不"光彩"的历史？到了康

---

① （清）蔡毓荣：《平南纪略》，见中国社会科学院历史研究所清史研究室编：《清史资料》第3辑，219页，北京，中华书局，1982。
② 湖南省少数民族古籍办公室主编：《土家族土司史录》，21页，长沙，岳麓书社，1991。
③ 湖南省少数民族古籍办公室主编：《土家族土司史录》，21页，长沙，岳麓书社，1991。

老司城墓碑

熙十九年（1680），吴氏政权已经是强弩之末，当地土司再闭塞也看得清大势，如何不知道该做何抉择？况且，县志记载彭廷椿承袭土司之位时，族中有人争位，使其父子潜逃他乡，是清地方官府派兵帮他夺回了袭职的权利。因此在这一地区，这个时候，"附逆"还是附清，是要看利益所在的。

最后应该提及的是，我们在今张家界市的老城区靠近澧水的岸边看到一座庙宇，看起来以前规模很大，在城市发展的过程中大部分已被损坏。我们无法进入已作他用的院落，不能发现是否有有价值的历史遗迹存在。但这座庙被称为"昭武"三元宫，与吴三桂称帝时的年号相同，不知这二者是否存在什么联系。

◎ 台南读碑

第三次到台南。

第一次是旅游的性质，对哪里都没什么印象。第二次是去成功大学历史系做演讲，也走了不少地方，比如著名的赤嵌楼、大天后宫、南门碑林等，我记得人教版《历史与社会》里采用了我的照片，但留给我深刻印象的还是那里的小吃，真让我流连忘返。

那次去的时候是和王国斌（B.Wong）一道，坐火车时和他谈了我对写作《清史·通纪》第 2 卷的想法，他似乎还是很支持的。可惜他很快有事回了台北，没有在那里多转转。

这次去台南是在那里参加一位教授组织的工作坊。他和他的同事做了很充分的准备工作，于是我有再一次到台南游历的冲动。此外，这次不是我一人乱跑，而是和陈春声、刘志

台湾府城大南门（清代台湾府的府城曾在台南）

伟、郑振满等很有田野经验的朋友一道，我又学到不少东西。更重要的是，我正在写有关清初郑氏政权的那部分历史。

我们和学员们观察的空间范围，就是清代台湾府城的范围。这是荷兰人在此建立的第一个据点，也是郑氏及日后其他人来台的第一个据点。在某个特定的"历史性时刻"（historical moment），这里就代表着台湾；而在17世纪中叶的前后，台湾也成为一个非常重要的"历史性地点"（historical place）。这就是施琅以及清帝国最终没有放弃台湾的意义所在。

从台南起步，重新理解台湾地区的历史，再重新考量我所谓的"历史性时刻"和"历史性地点",似乎是实践我们这些人的所谓区域社会史或历史人类学理念的又一个绝佳选择。

几天里,我们最先去到大西门外的接官亭、风神庙和水仙宫等地。

不过清初的大西门外并没有那么繁华,甚至并不是陆地,看看《康熙台湾舆图》就可以知道,在被时人称为"红毛楼"的赤嵌楼外面就是所谓的台江内海,与荷兰人最早修建的热兰遮城堡(音译,Zeelandia,即今天的安平古堡)还有一水之隔。这片近陆的水域被称为"五条港",现在当然已成热闹的街市。

熟悉沿海地区的朋友一再提醒我们,"港"并非今天所谓港口或码头之意,而是一类水域。过去河湖港汊并称,即其谓也。不过港汊与河湖之区别,在于它不是一大片水域,而往往是被一些沙洲隔开,这恐怕是"港"后来常被用作码头之意的原因。

接官亭在大西门外,也必然是设在靠近码头的地方,何时建的不清楚。它的后面就是风神庙,据说是"开台七寺八庙"之一,乾隆四年(1739)建的。由于台湾经常刮台风,对船只航行威胁较大,所以崇祀风神也不足为奇。道光十年(1830)重修大天后宫的碑文中记载了各方捐款的情况,除了官员、商铺之外,各街及当地寺庙也分别捐款,"金瀛街捐银一十九员。元和宫境、大埔街、台郡鱼行,各捐银十八员。

接官亭

开基武庙捐银十七员。关帝港街捐银十七员。监生郭元珪捐银十六员。镇南门境捐银十五员半。赖江河捐银一十五员。上横街捐银一十五员。祝三多捐银一十四员。大井头捐银一十三员。郡藤铺捐银一十二员。廪生黄殿臣、稿书李德恩、稿书王大猷、江左刘及锋、赵德兴、许升利、接官亭、普济殿、岭后街、药材行、滋厚号，各捐银十员"[1]。接官亭此时显然已不是一个简单的送往迎来的所在，而是一个类似寺庙的由附近人群组成的组织。

水仙宫清界碑记

水仙之祀，不知所昉，祠官阙焉；独滨海间渔庄蟹舍、

---

[1] 《重兴大天后宫碑记（道光十年）》，见《台湾文献史料丛刊第9辑——台湾南部碑文集成》下册，594页，台北，（台湾）大通书局，1987。

番航贾舶崇奉之。然其说杳幻，假借附会，殆如所称"东君"、"河伯"、"湘夫人"流亚欤？郡西定坊，康熙五十四年建庙，志称"壮丽工巧，甲他祠宇"。盖有其举之，莫敢废矣。

庙前旧有小港，通潮汐，涤邪秽，居民便之，亦神所借以栖托。岁久污塞，市廛杂沓，交相逼处，遂侵官道；非所以奉神，即非所以莫民。甲申岁，予谕左右居民撤除之，自祠前达小港，计袤共一十二丈，广共三丈，气局轩敞，庙貌庄严。继自今父老子弟操盂酒豚蹄走祠下者，可无时怨时恫之虞矣。即勒诸石，侑之以歌曰：神所栖兮元冥官，侣阳侯兮友任公。风飒飒兮雨潇潇，骖文鱼兮渡洪潮。吹箫兮系鼓，灵巫酌酒兮醉代神语。蛟龙远避兮鼋鼍回，浪不使溯滂兮风不使喧与咽。神降福兮祝告虔，祐利济兮年复年！

赐进士出身、进护理福建分巡台湾道兼提督学政、知台湾府事、前翰林院检讨、充内阁一统志馆纂修官、稽查六科

水仙宫清界碑

吏书录书兼宗学右翼教习、翰林院庶吉士、加七级、纪录六次蒋讳允焄撰文。

乾隆三十年岁次乙酉孟夏谷旦。

神以庇人，人以祀神，神人所亲，惟德惟馨。缘水仙宫历年多，施泽久；庙稍荒，而神像剥。癸未冬，北郊列号起而绘藻妆饰之，计费金六百大员，视旧有加矣。然宫前庭址遽为市廛凌侵，而利涉通津几变桑田！周道尽力之功，谁其尸之？我恩宪大老爷蒋，莅政之暇，肃命清故址，除荒秽。历岁填积，一朝焕然。非公之至德及人，孰能拔其本而浚其源哉！既志公德以崇神庥，谨附于后，以垂不朽云尔。

北郊商民苏万利等、徐宁盛、新泉源、黄骏发、泉裕、德盛、徐德顺、泉德、黄六吉，董事吕宝善、林大钦、李殿辅、林起珍、李朝玑、陈行忠、侯锡璠、住持僧克宣同立碑。①

这里是所谓"郊商"的势力范围。连横《台湾通史》卷21载："大西门外为商务繁盛之区，分为南北，各一员。而三郊别有大签首三名，理其事。三郊者，糖郊，南郊，北郊也，其办事处在水仙宫，曰三益堂。每有交涉，开会平断，不假于官。凡地方有大繇役，辄捐饷助军，集资赈济，为一

---

① 《水仙宫清界碑记（乾隆三十年）》，见《台湾文献史料丛刊第9辑——台湾南部碑文集成》上册，68～69页，台北，（台湾）大通书局，1987。

48

水仙宫殿前

方之重。盖其时商务发达，贸易多利，而当事者又能急公好义，故人多尚之，其后乃稍凌夷焉。"[1] 上述碑文中，似乎主要是北郊商人的活动。

又同书记："郡治水仙宫之前，积水汪洋，帆樯上下，古所谓安平晚渡者，则台江也。自道光以来，流沙日积，淤蓄不行，人民给以为埕，税轻利重，继起经营。"[2] 其实乾

---

①　连横：《台湾通史》，294 页，南宁，广西人民出版社，2005。
②　连横：《台湾通史》，294 页，南宁，广西人民出版社，2005。

开基武庙

隆三十年（1765）的这块碑讲的就是把一条港填平的故事。

在台南的第一天上午我们还去了开基武庙和大天后宫。所谓"开基"就是第一家的意思，创建最早，暗含最权威的意思。隔得不远还有一家祀典武庙，我们后面还要叙到，大概意思是你虽最早但不正宗，我虽后起但却被列入祀典，因此最权威的应该是我。

开基武庙真的看不出多么古老。嘉庆二十三年（1818）的两块重修碑都只记载了捐款的个人、店铺之名。从这些题名来看，商人显然是支配性的力量，那些"首事"基本上是由店铺充当。还有光绪二年（1876）的两块重修碑，一块上

开基武庙重修碑

写着"开基武庙外境郊铺绅士捐金碑记列左",另一块上写着"开基武庙内境郊铺绅士捐金碑记列右",唯一区别就是"外境"和"内境"。显然,"境"还是个重要的社会空间概念。

开基武庙的院子里有块新修的碑,碑文讲了一个灵验的故事,大意是说全台湾到处都有武庙,但只有这家最灵验。因为嘉庆年间(1796—1820)关帝在这个关帝港宫后街的地方留下文字,让大家敬神,这个字迹被彰化的一个生员得到,又把它写回到福建泉州的关帝庙去。那么关帝这段话究竟讲了些什么呢?

云游到此，特有数言传布人间，速进纸笔来！吾乃大汉关云长也，奉玉皇命，巡察人间善恶，云游到此，适见汝辈戏演吾像，以供笑乐，不忍不教而诛。夫演戏祀神，将以敬神也。敬神而转以慢神，于心何安？吾居天阙，掌天曹，位列奎缠之舍，职分挂籍之司，眼见世人图予像，塑予形，朝朝崇祀，亦可谓制有礼者矣。然至酬愿、供神、演唱之间，每以予形为戏，侮不敬之罪，稍知礼义者，忍为之乎！剧本多矣，何必戏演吾旧事？吾本日特来附乩，汝辈可以传布世人，互相劝戒，切勿以敬予者时而戏侮及余也。信予言者，积善获福无疆；慢予言者，侮辱必遭天谴！速将吾谕言贴文衡殿通晓。①

据说嘉庆二十一年（1816）六月本地鼎行演唱三国戏的《临江会》一折，香炉中冒出火光，还未引起大家警觉，最后扮演关帝的演员忽然乱跳起来，拿手中的木剑乱砍扮演鲁肃的演员，最后倒在地上没有了知觉云云。

这个故事本是士绅编出来，对民间祭祀礼仪的不合规矩

---

① 碑文由作者录入，可参见汪毅夫：《闽南碑刻札记》，载《福建论坛（人文社会科学版）》，2005（1）。

《灵迹醒世碑记》

表示不满的。这些士绅不知怎么和庙里的人、甚至唱戏的演员串通一气，制造出这样的"神迹"。他们倒不是要反对唱戏酬神的方式，而似乎是反对演本神的戏来敬神。但最可疑的是他们还要把这件事闹到海峡对岸的泉州去！不到别处，到泉州？

台湾地区的历史，我不太懂，但有点怀疑那位叫林光夏的彰化生员的居心绝不仅在于匡正风俗。我查了下道光《彰化县志》，里面没有发现这个人的痕迹，倒是知道彰化有大量闽南的移民。再查康熙末年《台湾县志》，这关帝庙早在明郑时就有了，但在地方志中并未被列入《典礼志·祭祀》的部分，而被列入《杂记志·寺庙》，只是简单记载"小关帝庙，伪时建。五十八年，里人同修。在小关帝庙巷内"①。可见其正统性是有点问题的。后来比较火的是东北面一点的祀典武庙，也有一些碑文留下来，但这里的碑文却只是嘉庆二十三年的，也就是上面说鼎行演戏出了神迹的两年后！

我怀疑当年关帝港之得名本是由于这个小关帝庙即今天之开基武庙。"又坊里庙祀甚多：一在西定坊港口，俗呼小关帝庙，伪时建"②。那个规模比较大的关帝庙由于当年有明宁靖王留下的匾，一批批心里有想法或者有愧的汉人官员纷纷来此贡献力量，名气自然就大了起来。

乾隆末年林爽文起义及其被清廷平定，导致台湾地区社会结构的重组。我不肯定是否有一批势力重新崛起，希望重整河山。他们告诉大家，你们过去某些事做得有点离谱，而我们这样做才符合规矩。当然我估计他们这样做倒也没有多大的胃口，无非只是为自己多争取一点生存空间罢了。

那日上午我们最后去的是大天后宫，这是第三次去了，所以早丧失了新鲜感。这个天后宫不能算大，之所以称为大天后宫，还是沿袭历史的称呼。据说这里开始是明宁靖王府，后施琅于康熙二十二年（1683）入台后，即将此府改为"大天妃宫"。康熙二十三年（1684）朝廷敕封为"天后"，于

---

① 《台湾县志》。
② 续修《台湾县志》卷二。

54

大天后宫

是便改名为大天后宫。据说正殿天后塑像左侧宫娥手中所捧宝玺就是康熙二十三年的原物，其上刻着"镇驻台郡大天后宫护国庇民天后之玺"。这里文物的年代与开台时间相同，称"大"自不为过。

这里原是明王府，入清后自然不能保留，施琅是郑氏故将，对待原来的主子也不能说全无感情，因此把这里改为天后宫再合适不过。说这是消除明朝遗迹也可，说这是变相地尊崇明朝故主也可，真实的原因，只有施琅自己晓得。

这里的人最引为自豪的，是这里保留着台湾年代最早的碑刻，当然也与施琅有直接关系。一是康熙二十四年（1685）的《平台纪略碑记》：

台湾远在海表，昔皆土番、流民杂处，未有所属。及明季时，红彝始有筑城，与内地私相贸易。后郑成功攻占，袭踞四世。岁癸亥，余恭承天讨；澎湖一战，伪军全没，势逼请降。余仰体皇上好生之仁，以八月望日直进鹿耳门，赤嵌泊舰，整旅登岸受降，市不易肆，鸡犬不惊。乃下令曰：'今者提师跨海，要在平定安集。纳款而后，台人即吾人；有犯民间一丝一枲者，法无赦'！士无乱行，民不知兵。乃礼遣降王入京；散其难民尽归故里，各伪官兵载入内地安插。公事勾当，遂以子月班师。奏请于朝，为置郡一、县三；分水陆要地，设官兵以戍之。赋税题减其半。

夫炎徼僻壤，职方不载；天威遐播，遂入版图。推恩陶俗，销兵气以光文治，端有望于官斯土者。是不可以无记。

康熙二十四年正月，太子少保内大臣靖海将军靖海侯世袭罔替、解赐御衣龙袍、褒锡诗章、兼管福建水师提督事务施琅立。[①]

二是康熙三十二年（1693）的《靖海将军侯施公功德碑记》：

---

① 《平台纪略碑记（康熙二十四年）》，见《台湾文献史料丛刊第 9 辑——台湾南部碑文集成》上册，1 页，台北，（台湾）大通书局，1987。

《靖海将军侯施公功德碑记》

古之勋立天壤、泽洽人心，是皆勒燕、图麟，流芳汗简，千载为光者也。台湾自辟鸿蒙以来，圣化未敷；郑氏遹播于斯，凡历三世。波涛弗靖，圣天子时廑南顾之忧。二十有二年，特简靖海将军侯施公招怀闽闾。闽之士民交庆曰："维桑与梓，有长城矣"！

迨夫誓师铜陵，首戒妄杀。六月扬帆，风恬浪息；直捣澎湖，克奏肤功。虽曰天命，讵非精诚所感哉？至若阵伤俘获，悉为疗药，纵使还家。蔡人吾人，出自真挚，故台人始斋心而纳款焉。降幡既受，兵不血刃；元黄壶浆，欢呼动地。其视晋公之平淮西、武惠之下江南，又殆过之！

然台去内地千里，户不啻十万。或欲一朝议弃，无论万家鸠鹄，买棹无资；即令囊空归井，饥寒惨逼，辗转不堪怜乎？况为南疆抗咽，鹿耳险于孟门，虚其地，保无遁逃渊薮、贻将来忧者？是以力请于朝，籍为郡县。此有功于朝廷甚大，有德于斯民甚厚！

迨勾当事毕，奏凯旋师，题留总镇吴公讳英者暂留弹压。而又念弁目之新附未辑也、兆庶之弃业亏课也，则又委参将陈君讳远致者加意钤束之、殚心招徕。是侯之心，无一息可舒台民之怀抱；而东海陬壤，无一人不颂覆帱于如天也。

今荆棘遐甸，遍艺桑麻；诗书陶淑，争荣桃李；极之戴发负齿之伦，莫不共沾教化。繄谁之功！台之人士，感于十年之后，久而弥深，群谋勒石以效衷思，历疏所由以镌刻之。侯夫异时太史之张大其事而流芳奕世云。

侯讳琅，字琢公，籍泉之晋江县。

康熙三十二年岁次癸酉阳月谷旦，台湾县四坊乡耆、铺民等同立。①

乾隆、道光、咸丰、光绪的碑记也有留存。

其实第二块碑不一定是"次早"的，因为另有一块立在澎湖的碑应该也是施琅平台后立即立的，即《施将军庙碑记》，内容是施琅自己描述澎湖一战的细节。无论如何，此

① 　《靖海将军侯施公功德碑记》，见《台湾文献史料丛刊第9辑——台湾南部碑文集成》上册，3～4页，台北，（台湾）大通书局，1987。

天后庙内

三碑都与天后宫无关，前录两碑是否开始就立在天后宫内，也不能说完全没有疑问。

乾隆年间（1736—1795）两位台湾知府的碑记还显示着正祀的味道，但已透露出这里的民间商业经营的气息。乾隆三十年（1765）的《重修天后宫增建更衣亭碑记》还说这里"每当大礼举行，班联候集"[①]，碑后题名者以官绅为主。乾隆四十三年（1778）的《重修天后宫碑记》就说这里"凡

---

① 《重修天后宫增建更衣亭碑记（乾隆三十年）》，见《台湾文献史料丛刊第 9 辑——台湾南部碑文集成》上册，64 页，台北，（台湾）大通书局，1987。

春秋致祭暨航海往来，祈报无虚日"，而且这位知府对天后宫的来历也是心存疑虑，"或言神姓氏列于'十国春秋'，行迹颇近于仙；或又言神为普门化身，亦□为佛：余皆不敢定。"①

到咸丰八年（1858）的《天后宫铸钟缘起碑记》中，就干脆说"我郡之大天后宫，固官民商贾祈报之所也"②。后面的捐款人题名中，除了几位官员外，大多数都是商人、商铺、船户。其后的碑文所反映的情况亦同，以同业公会的郊商，或以街区为单位，或以个人身份，进行捐款，其组合方式是多种多样的。

然而，无论商人怎样实际支撑着大天后宫，但它也总是受到官府支持的。几乎所有碑记中都有官方的人员列名，因此说大天后宫从一开始就体现着正统——无论是神还是人，应该是不会错的。

> ［原文名为《读书行路记之台南》（一）（二）（三），
>   分别写于 2007 年 8 月 30 日、2007 年 8 月 31 日、
>   2007 年 9 月 15 日］

---

① 《重修天后宫碑记（乾隆四十三年）》，见《台湾文献史料丛刊第 9 辑——台湾南部碑文集成》上册，115 页，台北，（台湾）大通书局，1987。
② 《天后宫铸钟缘起碑记（咸丰八年）》，见《台湾文献史料丛刊第 9 辑——台湾南部碑文集成》上册，321 页，台北，（台湾）大通书局，1987。

老赵读史

◎ 国之大事在祀与戎·
　礼失求诸野·进村找庙 ①

（一）

　　本次论坛的主题为"乡土中国与文化自觉"，采用了费孝通先生的概念，试图思考在全球化的语境之下如何立足本土，既具备开放的、兼收并蓄的心态，又要有"基本的文化自主与精神自觉"。因此之故，我虽然知道在本次论坛上会有学者深入讨论费孝通，但还是需要对他的见解进行重读。

　　《乡土中国》是费先生著作 *Earthbound China* 的中文译名，从英文来看，其实很难误会这个"乡土"仅指与城市相

---

① 　本文为中国文化论坛第二届年度论坛上的发言。

对应的乡村。任何一种文化都是植根于它所在的大地之中的，不理解这块热土就无法理解这种文化，这是费先生对他的"马老师"以本地人研究本地文化的践行，无须赘述；但更值得注意的是，两位前辈都提出了人类学或社会学与历史学结合的田野研究问题。[①] 他们认为，人类学家研究现状，是把后者当作活的历史，因此可以透过现在看到过去，用费先生的话说就是"今中之昔"。这其实是更好地理解 earthbound 的意义的很好的途径，甚至可以说是无法逾越的，因为这个 earthbound 是一个历史的生成，是一个漫长的过程，而且恰恰因此之故，是一个很难斩断的纽带。

问题在于，对于关注人类学研究的历史学家来说，二者之间的差异已经不像费先生当年所指出的那样了，历史学家也并不一定刻意强调今与昔之间的界线，而在于二者如何面对各自的经验材料（文献／田野）和在同一"历史记忆"上的差异，在于这两类材料是如何分别被产生出来并构成历史（或"事实"）的。这实际上便牵扯到"文化自觉"的问题。

费先生所谓的"文化自觉"，"只是指生活在一定文化中的人对其文化有'自知之明'，明白它的来历，形成过程，

① 费孝通：《重读〈江村经济·序言〉》，见马戎、周星主编：《田野工作与文化自觉》上，27～28页，北京，群言出版社，1998。

从左至右：刘铁梁、费孝通、赵世瑜在博士论文答辩中

所具的特色和它发展的趋向"①，既不表示要"文化回归"，也不主张"全盘西化"或"全盘他化"。②这个定义似乎更像是人类学的还是历史学的，此不赘论，而这样的论题之提出并躬行实践，虽然在西方人类学那里似自20世纪30年代始，但其实在"五四"时期就已成为人们讨论的中心。

我们可以想象，这样的议题提出的类似语境，并不是第一次出现。任何一个人或一种文化都植根于乡土，在面对强

---

① 费孝通：《反思·对话·文化自觉》，见马戎、周星主编：《田野工作与文化自觉》上，52页，北京，群言出版社，1998。
② 费孝通：《反思·对话·文化自觉》，见马戎、周星主编：《田野工作与文化自觉》上，53页，北京，群言出版社，1998。

势的异文化支配的时候，也都会产生类似"文化自觉"的呼声。譬如清朝的雍正皇帝在撰写《大义觉迷录》的时候，他只是在质疑汉人精英的"华夷之辨"论，只是在为满族的文明身份寻找合法性，但是并不会太多考虑，在他们的努力之下，当两千多年胡人南下牧马的历史被彻底扭转，大批汉人涌入蒙古、青海、新疆，甚至东北的时候，那些"natives"作何感想。或者更早一点，10世纪到12世纪，云南的大理国——他们不是湘黔的苗人，也不是海南的黎人，而是建立了自己的政权并拥有深厚之佛教文化传统的群体——他们在面对"外来文化"的挑战时，究竟采取了何种应变的态度？我们甚至还可以追溯至春秋战国的"南夷与北狄交，中国不绝若线"时代，至秦汉修灵渠、开辟西南夷时代等。

对主题概念的反思，也可以证明费先生的"今中之昔"，或者反过来说，是"昔中之今"。

（二）

"国之大事，在祀与戎"，语出《左传》成公十三年三月，当时中原诸侯集合起来要去攻打秦国，成肃公祭社接受祭肉的时候有了不敬的表现，刘康公就批评说，无论是"祀"还是"戎"都有献受祭肉的礼仪，这对君子的敬神来说是很重要的。成肃公这样不恭敬，对他自己没什么好处。果然，两个月后成肃公便去世了。

如果今天把"祀"与"戎"理解为宗教和战争，不能说不对，但还是略显褊狭。"国之大事，在祀与戎"，在我看来，就是"物质文明和精神文明两手抓，两手都要硬"。打仗从来都不仅仅是个军事行动，它的目的或者是占地盘，或者是攫取人口和财货，因此可以称为暴力性的生产活动，也是物质文明的一部分，越在上古，这种赢利方式占的比例越大。过去我们的历史关怀对戎事比较感兴趣，因为它们是改朝换代的直接工具，而对改朝换代的历史感兴趣，本来就是"帝王之学"。后来我们也将其概括为"政治史"的主要特点。

从走第二步起，剩下的巩固政权的漫漫长路就要靠"祀"，士大夫后来将其规范为"礼仪"，其实就是我们今天所谓的"秩序"，或者费先生著名的"差序格局"。当然维系秩序的还有法，但传统中国的"法"与后来引进的西方法律完全是两回事，只有刑律是用来对付犯罪的，而规矩方圆更多靠的是礼仪来维护。

对于历史上的礼仪，我们远不如对战争那样熟悉。其实我们的 earthbound China，就是一个 ritual-bound China。对于研究史学的人来说，20 世纪初给我们带来震撼的甲骨文是礼仪的产品，敦煌卷子中也有很多是礼仪的产品，比如那些变文，对于文学家来说可能是通俗文学，但它们就像后来的迎神赛社的会簿和道教科仪书一样，都是礼仪的一部分。一些学者不理解我们，不明白我们为什么经常跑去寺庙、祠堂，甚至墓地，因为他们没有真正地好好想想，除了正史和官方档案以外，为什么留下来的都是关于礼仪的东西，包括大家非常重视的甲骨文和青铜铭文，以及最近不断出土的简帛、近年来研究隋唐史大量使用的墓志，都是礼仪的东西，是属于"祀"的部分。因为礼仪是当时生活中很重要的内容，所以寺庙、祠堂之类，就是社会生活史的国史馆和档案馆。

这种不理解，我认为基本上是 20 世纪初以后的产物，出于一种近代科学的语境。因为"祀"这样东西，基本上被某种意识形态支配下的学科分类定义为"宗教"，甚至是"迷信"，后者虽作为学术研究的对象而被允许存在，但却因与科学和启蒙相对而处在被贬抑的地位。久而久之，我们竟习以为常，过去比较容易理解的东西，比如墓碑上写的"乾山巽向"，或者房屋大梁上的那一行字，现在就需要专家去解释了。

如果能理解这一点，费先生或其"马老师"的 earthbound China 被翻译为乡土中国，虽不单指乡村，却能跨越朝野，或即他所谓穿越文野之别，就好理解了。山西代县有个鹿蹄涧村，那是著名的杨家将的老家。那里的祠堂保留着一些自元以来的碑刻，个中精彩故事，另外再讲。那里一个姓杨的子孙于明朝万历年间在京中做官，结果住在播州（今贵州省遵义市播州区）的杨氏跑来，希望和他联宗，但他没有答应。熟悉明史的人都知道，万历年间爆发了播州土司杨应龙的叛乱，那是一件大历史，联宗这个礼仪如果做了，也许会成为这件大历史的一部分。

还有两件更大的大历史，一件是明嘉靖初年的"大礼议"，另一件是清乾隆末年的马戛尔尼来华或曰"礼仪之争"。前一件事是嘉靖皇帝不愿意尊自己的伯父伯母为考妣，而尊自己的亲生父母为叔考叔妣，龙颜震怒，把一大群拼死抗议的臣子加以重罚；后一件事是乾隆皇帝非要人家英国的特使双膝跪地，否则一切免谈。这两件事都被今人视为愚不可及，好像这些皇帝都是精神病或者偏执狂，于是前者往往被通史叙事淡化，后者因涉及清末被动挨打的"根源"被保留下来，帮洋人说明皇帝的自大和无理。就前者而言，嘉靖皇帝和犯颜直谏的大臣都不是疯子，因为这个继嗣和祭祀的礼仪一旦改变，会引起社会制度的一系列变动；就后者而言，乾隆皇帝此举恰恰不是表明他的盲目自大，而是对世界颇有所知，由于根本无法考虑英国人提出的那些要求，而故意找个别人无法接受的条件。其聪明如此，并非我等后人寻常可以体会。

由此，我们便比较容易理解从孔子到明代人称社会的剧烈变动或者失序为"礼崩乐坏"的缘故。

（三）

"礼失求诸野"这话，似乎是孔子说的，但大家都不讲出处，似乎是人云亦云的。查清人孙星衍《孔子集语》卷五，有"《汉书·艺文志》：仲尼有言：礼失而求诸野"条。再查《汉书·艺文志》，发现班固引此话不过是打个比方。他认为，战国时诸子的言论，是为了投列强争霸之所好，虽各有优劣，但也是六经的支流，遇到明白的君主，可以择善而从。其时距离上古圣人之道已很久远，孔子讲都邑中如果不知礼了，可于外野求之，难道诸子九家还不如这个外野么？按他的理解，孔子的原话是退而求其次的意思，我们不了解孔子原话的语境（context），不知道他是否具有这样的贬义。

无论这话是否是孔子说的，也无论其是否对"野"含有贬义，这个"野"显然是与都邑相对而言的，即指城邦以外的广大地区。对我们历史学家来说，它和人类学家的 field 一样，指的是传世文献中记载的历史以外的、更广阔的天地间发生的历史。所谓"礼失求诸野"，就不仅是去田野中寻找新的历史，而是——也许更重要的是——在田野中去对那些传世文献记载的历史加以理解和重新理解，再进一步发现两种历史、两种历史情境之间的配合与张力。这也许就是历史学家和人类学家田野工作的区别之一，也是历史学家相对其他以现状研究为对象的学科的"文化自觉"。

记得《华阳国志》里记载武王伐纣的时候，说巴人最为勇敢，所谓"巴师勇锐，歌舞以凌殷人"，这种视死如归的浪漫态度给我留下深刻的印象，但总觉得载歌载舞地冲锋陷阵是件很难想象的事。后来读书多了，包括看了傩的表演，知道这是战场上的仪式，是祈求神灵保护他们战胜的手段。所以《旧唐书》说音乐"施之于邦国，则朝廷序；施之于天下，则神祇格；施之于宾宴，则君臣和；施之于战阵，则士民勇"[1]。《破阵乐》便是打仗时的军乐。到了现代的战场之上，只剩下呐喊和冲锋号声作为其流风余韵，连金鼓齐鸣之类都没有了。

在今天山西的阳高，那里的乐班分成阴阳和鼓匠两部分，阴阳自称道士，属于正一派，有通鬼神的灵力，使用的乐器以笙管类为主，而且比较"保守"；鼓匠表演场合比较宽泛，演出程序不那么固定，乐器则包括唢呐等吹打乐器。老百姓一般称"请阴阳""雇鼓匠"。在流传至今的乐曲中，阴阳经常演奏的有《普庵咒》《驻马听》《鱼闹莲》《山坡羊》等，鼓匠则经常演奏《将军令》《上桥楼》（"桥楼"应为"谯楼"）、《水龙吟》《百河宴》《大雁落》等。[2] 从今

---

[1]　《旧唐书》卷二八《志第八·音乐一》。

[2]　参见吴凡：《阴阳·鼓匠——在秩序的空间中》，北京，文化艺术出版社，2007。

天所谓"音乐"的角度去观察，固然有其价值，但要真正理解它们的存在，则必须回到地方历史的脉络。

我们知道，这个阳高县在明代叫阳和卫，是长城边上的一个军事重镇，到清代才改卫为县，所以这里在明代基本上是军队的系统，到了清代以后才有了民政的系统，而且居民还多是军队的后代。于是我们知道，这里可能留下两套系统的痕迹。从音乐的角度看，一套是军队礼仪系统的东西，南方遗留的"军傩"就属于这一类，所以他们有唢呐这类响器，军队礼仪中的乐器是很强调号角这一类的，由鼓匠传承下来，到现在他们熟悉演奏的乐曲还是军乐，只不过放到红白喜事上去演奏了；另一套是州县礼仪系统的东西，就是那些礼生、阴阳生做的事情，几年前在山西发现的明朝万历年间的迎神赛会的礼簿，也是由礼生传承控制的，这些人虽然属于官府的系统，但官府只是有事的时候才用他们，平时他们还是自谋生路。后来民国的官府不讲礼仪了，不设这套东西，就成为纯粹的民间的了，也就是这些阴阳的来历。他们之所以在乐器方面、演出场合方面比较保守，是因为他们有一套礼仪的规矩。听听这些音乐，再听听云南丽江所谓"纳西古乐"的某些曲子，就知道它们都是明朝以来汉人官府常见的礼仪音乐。

关于正史礼志中的军礼，不知道有没有专家研究。据说唐朝的《破阵乐》之所以能保存至今，可以一饱耳福，是因为传到了日本。我们不好说这就是"礼失求诸野"的例子，但无论明朝卫所系统的礼仪还是州县系统的礼仪，还是有可能在田野中得到一些余绪的。但对我们来说，这还不是最重要的，重要的是透过这两套礼仪系统去思考这两套帝国的管理系统对社会的控驭，或者反过来说，为什么这些帝国的管理系统早已灰飞烟灭，而礼仪（或其他部分）还留了下来，依然对人们的生活发挥着作用？

至于为什么这些礼仪保留在了远离统治中心的"野"（这应该正是孔子的"野"的本意），我想恰恰是因为礼仪对于统治的重要性，恰恰说明了"祀"与"戎"可以并列的道理，也恰恰说明了我们为什么会"进村找庙"——当一个新的王朝或帝国取代了旧王朝、旧帝国的时候，这些礼仪（包括历法）就要遭到清除，而在那些与法统的争夺没有多大关系的地方，它们或者它们的一部分就会被保留下来，因为它们只是生活的一部分。

（本文原收于黄平主编《乡土中国与文化自觉》，北京，生活·读书·新知三联书店，2007。文章有调整）

◎ 乾隆皇帝"嘚瑟"的深意

日前与学生一起读乾隆四十一年（1776）编纂的山东《淄川县志》。

淄川的地盘不大，但在清初名人辈出。有个叫孙之獬的，在明末的时候被归入"阉党"而遭革职，清初被任命为礼部侍郎。传说他曾主动请求剃发，满族人都看不起他。还有个名人叫蒲松龄，这个人运气极其不好，总是考不上举人，但却创作出了小说《聊斋志异》。

所以，尽管这个地方很有文化，但文化人活得并不容易。

《淄川县志》的卷首是《御制志》，比如康熙的《圣谕十六条》、雍正的《训斥士子文》、乾隆上谕等，县志的编者大都是知县，总不能因此丢了官，断了仕途。所以《淄川县志》的本任编者、时任知县张鸣铎就在序言里面感叹：

修史难还是修志难呢？当然是修史难了，那个活儿既包罗万象，又需要有价值判断。不过修志也不易呀！我们这属于兼职，不像董狐那样的世代史官可以秉笔直书啊！修续志就更难了，对前任修的志能乱改吗？只能做点拾遗补阙的事罢了。

读到这里，我就特明白当代新方志为什么是那个样子了。

《御制志》里挑选刊录的基本上都是针对士人的，这当然有张鸣铎的特殊用意，这个暂且不论。其中选录了一篇乾隆皇帝写的《平定准噶尔告成太学碑文》。[1] 如果去过北京的孔庙和国子监，我们就会见到，这块碑和《御制平定青海告成太学碑》《御制平定两金川告成太学碑》等，都在那里矗立着。

奇怪的是，太学或国子监是一所高等学府，朝廷在西部打了胜仗，干嘛要在要在"太学或国学"里立碑呢？

这又让我想起了前段时间在媒体上吵得面红耳赤的"新清史"。美国"新清史"发端于清朝是否"汉化"的争论，概括起来，他们的主张是强调使用满文、蒙文、藏文、察合台文史料，强调满族因素的重要性以及全球史的视角。而一些中国学者则认为这种强调是对清朝历史的曲解，否认满族统治者对汉文化的接受不符合事实。

---

① 乾隆《淄川县志》卷首《谟训》，21 页上～26 页上。

让我们看看这篇碑文说了些什么。

在碑文的开始，乾隆皇帝说到历代对于北方游牧民族或征伐、或和亲，前者导致"民力竭"，后者造成"国威丧"，以致舆论认为这些羁縻之地"地不可耕，民不可臣"。不过接下来他说了一句很重要的话："此以论汉唐宋明之中夏，而非谓我皇清之中夏也。"这个意思是说，我大清统治下的中国与汉唐宋明统治下的中国是不一样的。在乾隆皇帝看来，清朝对中国的统治既是汉唐宋明的延续，又与它们有别。

乾隆皇帝接着说，自清朝建立，蒙古人这些"有元之裔，久属版章"，但准噶尔蒙古这个"有元之臣仆"却"终明世为边患"，所以从康熙到雍正一直进行征伐。在用长篇文字描述了战争的过程后，他谆谆总结说："昔时准夷，日战夜征；今也偃卧，知乐人生。曰匪准夷，曰我臣仆；自今伊始，安尔游牧。尔牧尔耕，尔长子孙；曰无向非，岂有今是？"他的意思是说，过去你们总是在打仗，是我给你们带来安定的局面、平静的生活。从今以后，你们不再是"准夷"，而是我大清的臣民了。这言下之意，就是准噶尔蒙古由此从"蛮夷"变成了"化内之民"。

从这篇碑文看起来，乾隆皇帝显然是极为重视这些丰功伟绩的，他把蒙古、新疆、青海、西藏等地的内属视为与汉唐宋明的"中夏"最为不同的一个方面。但是，他也不时强调"皇清之中夏""版章""准夷"这些概念，又说明他把

"皇清"与"中夏"视为一体，与尚未臣服的"蛮夷"相区分。所以我怎么也想不明白，为什么强调了清代的特殊性，就必定会否认满族人对汉文化的接受。

至于为何在此立碑，乾隆皇帝在碑文中只是简单地说："勒碑文庙，例也。"然后没二话了。在立于同处的《御制平定两金川告成太学碑文》中，也写着"勒碑太学，用遵成例"，同样语焉不详。当然，这样的丰功伟业不止在这一处立碑勒铭，承德的外八庙甚至新疆、青海等地都有。但文庙和太学的意义不同，它们是宣言书、是宣传队、是播种机。与文庙一墙之隔的太学（国子监）是知识精英的荟萃之所，是培养未来的高级干部的学校。所以乾隆皇帝在后面这篇碑文中写道："太上立德，其次立功，再其次立言，而德与功皆赖言以传。言之无文，行而不远，文之时义大矣哉！"皇帝的文章，主流意识形态，要以文字的形式让知识精英知道、理解、接受，才能传遍四方，传之久远。

文庙还有另外一层象征意义。有些学者已经研究过士大夫从祀孔庙（即文庙）的问题，后代的哪位儒者的牌位可以放进去，不是那么容易决定的，需要许多利益之间的博弈。所以，文庙是个不能小觑的地方，只有我们现在这个时代才将其弃若敝屣。除了在内地设立州县的地方都会设有文庙之外，在边疆地区，一旦王朝势力进入之后，文庙也随之建立。

有学者发现，在清代的云南，许多设有祭祀地方神灵的土主庙的地方也往往设有文庙。所以，文庙对于边陲或者"新疆"来说，代表着官方的意识形态，象征着此地已成为"化内之地"。

乾隆皇帝将他和祖、父用兵西北的功绩昭示于太学或文庙，是想把他对清朝的看法通过知识精英向四面八方和子孙后代传播，同时似乎也表明他试图告诉这些士人：他将版图扩大、把以往的"蛮夷"变成文明人（即化内之民）既给儒家学说的传播带来了更广阔的空间，也赋予他们更重要的"教化万邦"的责任和使命。清朝的皇帝固然对西北诸族有着特殊的立场和统治策略，但更重要的，是要把何为"我皇清之中夏"的观念渗透到汉人知识精英的血液里。由此可见，在意识形态的领域里，乾隆皇帝对这群人高度重视。

至于乾隆年间的淄川知县张鸣铎为什么专门挑选了许多篇皇帝训诫士人的文章放到县志里，可能与这一时期这里的士子们的生存境遇变化有关，则是另外的、需要在地方史的语境里加以理解的话题。

◎ 据城以守

明末山东淄川的"全球史"

1638 年，即明崇祯十一年，山东腹地的小县淄川在知县杨蕙芳的主持下，"建空心楼十一座，附城四面，中设炮眼各二十四，用防近城蚁附者。上覆敌楼，益屹然金汤"[①]。

这样一个小县城此时大费周折地修城设炮，自有其背景。就在两年前，关外的清军曾兵临北京城下，又引军攻至北京以南的通州等地，最后饱掠而去，给周围地方带来极大恐慌，纷纷整军备战，清人所修地方志自然不好把这个原因明确指出来。

历来人们认为，在中原王朝与北方民族政权的军事冲突

---

① 乾隆《淄川县志》卷二《城池》。

中，前者长于守城，后者长于野战。但纵观长城内外发生的大小战事，真正在边墙两侧展开攻防战的，实际上寥寥无几，真是大出常人的意料。

边墙攻防战必然不是发生在中原王朝的强盛时期。在那些时期，中原王朝往往派出大规模的骑兵出长城攻伐，如汉武帝时期的河南之役、河西之役，隋文帝时期的白道之役，以及明成祖的五次北征等。恰恰因为对手的飘忽不定，中原军队不可能集中兵力固守于长城的某一要塞。与其展开决战，不如打出去寻找战机。

这种攻防战可能会发生在中原王朝的国力衰颓之时。

譬如北宋时期。980 年，辽西京大同军节度使萧咄李率大军攻打雁门关，守将杨业时任并州刺史。由于杨业麾下仅有守军数千人，不敢死守，设计以副将守关，杨业则率"麾下数千骑自西径而出，由小径至雁门北口，南向背击之，契丹大败"[①]。萧咄李竟被宋军斩杀。辽军大溃，退至大同。杨业挥军追杀，擒获辽军都指挥使李重海而还。

可见，即使在关城攻防战已成定局的情况下，守将依然认为，采用骑兵出城奇袭，而非据城死守，才是解围的有效方法。

蒙古伐金的战役则提供了一个反例。

---

① 《宋史》卷二七〇《杨业传》。

1213 年，蒙古大军进逼居庸关。由于居庸关两山夹峙，中为深涧，金国守将熔铁汁封锢关门，再将铁蒺藜布于长百余里的关沟之中，并以精兵防守。蒙古大军一时被阻。这时有札八儿献计，说有小道可供骑兵穿越到居庸关的后方。于是蒙古骑兵绕道紫荆关，到达南口，使居庸关守军腹背受敌，导致城破。

我们依然没有看到一场惨烈的攻防战。

但到了 16 世纪，一切开始发生变化。

早在 14 世纪，欧洲已经出现了火器，即运用火药的大炮。不过，在很长一段时间，由于火炮的射程有限，距离敌人太近会不安全，太远又打不到，搬运起来又极为吃力，因此在战争中还不能扮演"主角"。到 15 世纪末，火炮的威力已在英国和法国的多次攻城战中显示出来。1519 年，军事评论家马基雅维利写道："没有什么城墙能留存下来，无论多厚，大炮也会在几天内将之摧毁。"

为了对付这种攻城利器，守城者也在绞尽脑汁。15 世纪，欧洲的许多城池开始在城墙上设置火炮，加固城墙和角楼，但最为重要的，是在城堡的四个角加筑向外凸出的三角形棱堡，正面设置重炮，两个侧面与主墙成 90° 角，上面的火器专门用来对付防守的死角，这种棱堡防守体系被称为"意大利防御"。

于是，在 16 世纪中叶以后，无论是在意大利半岛，还是在尼德兰或哈布斯堡王朝与奥斯曼帝国的边境上，到处是棱堡工事。到 17 世纪，法国、德国、英国、爱尔兰、丹麦、波兰、俄国的战略要地，都建有棱堡防守。最重要的是，欧洲殖民者将这种防御体系带到了加勒比地区的哈瓦那，以及东南亚的马六甲和马尼拉。

无论是火器的使用还是棱堡防御体系的实施，都意味着战争成本的大幅度提高。而 16 世纪欧洲的"价格革命"使物价普遍上涨 50%，使这一成本更加上扬，于是战争成为一个昂贵的举动。不仅如此，军费的增加还要求对包括财政制度在内的整个国家管理体系做出相应的改变。

16 世纪的中国，恰好处在一个可以暂时负担这一昂贵成本的时代。16 世纪的中国，也开始对财政制度进行改革，但整个国家管理体系的变化则是另一回事。

郑诚先生的研究告诉我们，在稍早的天启年间（1621—1627），与来华耶稣会士关系密切的徐光启和孙元化屡次向朝廷建议引进西洋的筑城术，将旧式敌台改造为三角形的棱堡式铳台，形成当时闽广商民所见马尼拉那样的"铳城"。崇祯九年（1636），著名的天主教徒韩霖所著的《守圉全书》刊出，全面介绍了西洋筑城及炮台的情况，并试图在家乡山西绛州加以实验。此外，在河北雄县，也做了这样的尝试。①

可见，在淄川筑城的时候，不仅不差钱，思想、技术都有了。

清代《淄川县志》的编者提到筑城之事时，在描述了这些空心敌台的特点后，专门引用了《历学会通》这部书：

> 敌台有三式，造于城角，谓之正敌台，一也；或于城墙居中，谓之属敌台，二也；或于城外另作，谓之独敌台，三也。独敌台者对城门，外建议掩门，此更难攻。或建于瓮门之内，则更大益守者。建台有颐，有眉，有眼，有眼球，有鼻，有吭，此西洋之法也。②

《历学会通》是明清之际的薛凤祚所编，其中就收录了韩霖的《守圉全书》中关于西洋筑城术的图说。上述文字基本上可以视为《守圉全书》中的内容。而薛凤祚恰恰又是山东青州府益都（今山东省淄博市临淄区金岭回族镇）人，益都又是淄川的邻县，他与淄川的士大夫有较多联系，并通过后者将其主张付诸实践，也是极有可能的。

据在明崇祯朝做过大学士的淄川人张至发所写《建空

---

① 郑诚：《守圉增壮——明末西洋筑城术之引进》，载《自然科学史研究》，2011（2）。
② 乾隆：《淄川县志》。

心楼义仓记》，他听说崇祯九年（1630）时家乡的城墙从土城变成了石城，就表示"城则坚矣，倘再得空心楼数座，更为完善无虞也"。后来放归回乡，"遂谋于众，建窝铺一百二十二座，敌台十三座，每堞木箭帘一叶，共费银一千两有奇"。虽然按他自己的说法，他是这项工程的发起者，但从履历来看，他与西学并没有渊源。所以他又说，"一日，邑侯杨公持一编示余，载空心楼之制"，这一编也许就是韩霖的《守圉全书》中的一册。

那么，淄川这次在城墙上修筑的空心敌台，究竟是不是西洋的新式敌台呢？《淄川县志》中说明，每座空心楼所设24个炮眼，"正面眼作迎面炮用，旁眼作顺城炮用，有高、低、中，设层板以便随宜施用。每座上覆以顶，以避风雨，故名曰楼。城墙中心外出一块，形如空心，楼中实以土，俗呼曰城耳"。顺城炮之设，与文前所引"用防近城蚁附者"，而且是从城墙向外凸出一块，说明这恰恰是棱堡式炮台的功能和形制。

从乾隆《淄川县志》的《城池图》中，我们还可以依稀看出一点当年的痕迹。这幅图虽大体上是传统的画法，但从东西城墙来看，还是引入了西洋的透视技法。其中除城门之外，在东南角和西北角还各有楼一座，从东南角这座来看，应该就是前引所谓"正敌台"。

《城池图》（乾隆《淄川县志》，"图"，2页下～3页上）

　　除此之外，这次修城还设置了城悬眼、门眼、城斜眼等应对火器的攻防设施。城悬眼"在外城门门外之上，其眼直竖大如斗。城上守兵隔城可倒施铳炮，以防敌众蜂拥攻门，并可浇水以防火攻"；门眼"在外门扇中间，高不及人，可施鸟铳，以御敌人拥门来攻"；城斜眼"在各垛墙之下，斜向外，明可施鸟铳，远御敌人"。应该都是在墙体不同位置上设置的枪眼、射孔。

　　尽管我们不能知道明末淄川县修筑空心敌台时在多大程度上贯彻了西法，但它显然是晚明传入的西洋筑城法的早期实践之一。可惜的是，据乾隆《淄川县志》记载，这些设施到康熙年间就毁坏得差不多了。明末清初的那场战争并没有破坏这个旧世界，与这场战争伴生的制度变革也只是局限在了比较技术的层面，淄川这次筑城的昙花一现也就颇有点象征意义。

这座山东腹地的小城只是和"全球史"打了个招呼，然后就擦肩而过了。

◎ 明代内官与西山诸寺

　　西山是北京西部山地的总称，属太行山脉。北以昌平南口附近的关沟为界，南抵房山拒马河谷。自魏晋以来，佛教大兴，西山便建有佛寺；辽金元时期建都于北京，佛教之风亦盛，西山佛寺日增，故有"先有潭柘寺，后有北京城"之俗谚，道教宫观也林立于兹。明朝自永乐迁都，内官地位亦自彼时大幅抬升，西山诸寺观便与宫中内官发生了密切联系。这种联系不仅揭示了京师各教门与宫廷之间的勾连，也揭示了内官与京师民间社会的特殊关系，其中奥妙值得关注。①

---

① 对此问题做过最详细勾勒的是何孝荣的《明代北京佛教寺院修建研究》（下册，345~493 页，天津，南开大学出版社，2007），在将相关史料汇集铺陈方面用力甚勤，对这一主题的研究有很大贡献。遗憾的是作者对这一现象没有进行分析和解释。

对这一现象的关注，自明代便已出现。王廷相有诗曰："西山三百七十寺，正德年中内臣作。华缘海会走都人，碧构珠林照城郭。"[1] 王世贞的诗则说："西山二百寺，蝉缓琉璃刹。其人中贵人，往往称檀越。"[2] 西山在明属宛平，万历年间宛平知县沈榜在记录了境内的各类寺庙宫观后感叹："如宛平一县，版图仅五十里，而二氏之居，已五百七十余所。此五百七十余所之中，其徒凡几万千；而宛平土著之在黉宫者，曾不得及十人。……盖今天下二氏之居，莫盛于两都，莫极盛于北都；而宛平西山，实尤其极盛者也。……又见夫阜成、西直之外，貂珰阀阅之裔，春而踏青，夏而寻幽，如高梁、白云、卧佛、碧云之会，冠盖踵接，壶榼肩摩，锦绣珠翠，笙歌技巧，哗于朝市。"[3]

但这样的泛泛而论，于我们对那一时代的理解，并无太多裨益。人类学和社会史研究已然揭示，自宋代以来，特别是自明代中叶以来，祭祖成为贯穿整个中国社会上下尊卑的重要礼仪。对新开发地区来说，祖先成为拓居人群的重要象征；而对已开发地区来说，香火接续是财产继承的重要标志；

---

[1] （明）王廷相：《西山行》，见（明）沈榜：《宛署杂记》第二十卷，"志遗三"，256 页，北京，北京古籍出版社，1961。

[2] （明）王世贞：《游西山诸寺有感》，见（明）沈榜：《宛署杂记》第二十卷，"志遗四"，267 页，北京，北京古籍出版社，1961。

[3] （明）沈榜：《宛署杂记》第十九卷，"寺观"，237~238 页，北京，北京古籍出版社，1961。

而在人们的信仰中，不仅有儒家"不孝有三，无后为大"的影响，而且没有香火祭祀的祖先将沦为孤魂野鬼，这也是各地墓祭、祠祭，以及祭社、祭厉、中元节、三巡会等仪式活动的文化根源。对于没有后嗣、不能归葬祖坟的内官来说，这个问题就成为亟待解决的终极人生问题。他们所找到的变通方法，就是生前建造寺庙，成为寺庙的香主，死后可以同样享受前来求神拜佛的香火，将僧众和络绎不绝的香客变为广义上的子嗣。前引王廷相的诗说得很清楚：

　　人间富贵尔所有，不虑生前虑生后。高坟大井拟王侯，假借佛宫垂不朽。[①]

前引王世贞诗亦说：

　　我闻说法时，乞食仅一钵。誓以不住身，普代众生孽。长者虽布金，小果那得说。奈何贪嗔念，希与圣缔结。填沙南赡髓，饰像恒河血。[②]

[①]　（明）王廷相：《西山行》，见（明）沈榜：《宛署杂记》第二十卷，"志遗三"，256页，北京，北京古籍出版社，1961。

[②]　（明）王世贞：《游西山诸寺有感》，见（明）沈榜：《宛署杂记》第二十卷，"志遗四"，267页，北京，北京古籍出版社，1961。

虽然两位士大夫对内官的这种行为都采取了批评和不解的态度，但都凸显出这个群体对身后问题的忧虑。清人龚景瀚曾游览大慧寺，面对这座由正德年间（1506—1521）的司礼监太监张雄修建的寺庙，记录道：

> 而环城之四野，往往有佛寺，宏阔壮丽奇伟，不可胜计。询之，皆阉人之葬地也。阉人既卜葬于此，乃更创大寺于其旁，使浮屠者居之，以为其守冢之人。而其内又必请于中朝之贵人，自公辅以上、有名当时者为文，刻石以记之。①

这就将前面所讲的道理表述得非常清楚了。如果不理解明代中叶整个社会的变化，就无法理解二人诗中描写的现象，也就无法体现史家对前人及历史情境"理解之同情"的立场。

如果我们仅仅揭示出以上的文化象征意义，仍然会有同质化理解之嫌。如同拙文《黑山会的故事：明清宦官政治与民间社会》所显现的，必须通过每一次寺庙的兴建和重建，才能对明代内官的行为做出多样化的解释。② 大慧寺虽距西

---

① （清）龚景瀚：《游大慧寺记》，见光绪《顺天府志》卷一七，"寺观二"，20 页下，续修四库全书本。
② 赵世瑜、张宏艳：《黑山会的故事：明清宦官政治与民间社会》，载《历史研究》，2000（4）。

山尚远（在今北京交通大学以西大慧寺路），但仍可作为一个例子来观察。寺内左侧建有佑圣观，假山之上有真武祠，当年祠外还有大学士李东阳、李木、王锡爵先后所写的碑文，到清代后期已然无存。在寺的西面，"坟壤累累，石人石兽，巍然夹侍于前，大抵雄族亲之冢也"。按龚景瀚的解释，"是时，世宗方尚道术，阉人惧其寺之一旦毁为道院也，故立道家之神祠于佛寺之中，而借祠以存寺"。为了保证其香火的延续，张雄不得已设计了许多方式，借道观保存佛寺，又借佛寺保存香火，可谓殚精竭虑。

在游记中，龚景瀚对这些著名的士大夫为张雄及其后世维修的内官撰写碑文表示不解：

夫彼其使中朝之贵人为文，固若挟之以不得不作之势，而彼贵人者，亦遂俛首下气，承之以不敢不作之心。天下未有不相知而可以挟之使必然者，原其初，必自中朝之贵人而与宦寺有相知之旧。夫以中朝之贵人而与宦寺有相知之旧，则彼其所以为贵人者，未必不出于宦寺之推引。自我得之，而何畏乎？彼推引不出于宦寺，而甚畏宦寺，则是惟恐宦寺之能为祸福于我，此孔子之所谓患得而患失也。[1]

---

[1] （清）龚景瀚：《游大慧寺记》，见光绪《顺天府志》卷一七，"寺观二"，20页下，续修四库全书本。

这里把话题转到了明代宦官与士大夫的关系上，而这其实也是明史研究中的一个重要问题。过去的学者往往有种偏见，一是认为宦官都不是好人，二是认为士大夫与他们结交是不光彩的行为，三是为宦官推引者便被视为"阉党"。这是当时士大夫的主流立场，但并不一定就是今人的学术立场。如果考虑到上述对宦官修庙动机的认识，士大夫在这个问题上与他们"相知"，对生存、对命运有一些共识，也是完全可以理解的。

北安河响塘庙有正统十年（1445）礼部尚书胡濙撰写的《普同塔记》，碑文全文如下：

> 普同塔在顺天府宛平县秀峰寺，去城八十里。正统九年四月吉辰，中贵武偶以清时暇日，游览兹寺，爱其山川秀丽，溪流环抱，林木蓊郁，聚气藏风。复挟杖履，历壑经丘，驻秀峰之左，相其阴阳，观其向背，审其气脉龙穴攸在，诚足为寿藏之所。爱发普心，以为独私于己，曷若与众共之？吾侪同际升平之世，共趋殿陛之间，夙夜行藏，身心休戚。罔或不同生，既如斯亡殁，亦宜聚处。盖人之生死，如阴阳昼夜，乃理之常，世所难免。因追念先辈沦亡之际，间有仓卒无依而不得其死者，由是亟募众缘，佣工运甓，豫建普同寿塔一座，其崇三丈有奇，俾凡后之弃假归真者，悉藏其魄于内，以妥其灵。由此观之，则中贵武公真可谓达生安命，而

尤能仗义恤众，以全始终之道者也。今复征予为记，尤恐后人昧其创始之由，而废其继述之道，则贻谋虽善，而泯其传矣。后之仁人君子，苟能体此而充其一念之良心，相与善继善述，则人人无不得其所，而英灵恒妥于内，而武公诸中贵之德义，垂示悠久而无穷矣。予故弗辞而为之记者，匪徒纪武公等之嘉绩，亦以为后世慕义恤众者之良图也。[1]

　　胡濙是当时著名的士大夫，他的文字也比较平实，记录了武姓内官在寺院旁寻找风水宝地作为坟地的过程，重点表彰的是"慕义恤众"，并没有过多讨论这种关怀和做法的得失。不过他记录下修塔的目的，是这些内官死后还可以"藏其魄于内"，而不至于因为没有后嗣便在死后魂飞魄散。我特别注意到，胡濙这篇碑文写于正统十年的七月十五日，亦即中元节，恰是民间追荐祖先亡魂或佛寺做水陆大会的日子，其用意则不辩自明了。

　　关于明代内官与北京寺庙的关系，韩书瑞在她的《北京：寺庙与城市生活，1400—1900》一书中有专节论述。[2] 她着

---

①　（明）胡濙：《普同塔记》，见北京图书馆金石组编：《北京图书馆藏中国历代石刻拓本汇编》第 51 册，141 页，郑州，中州古籍出版社，1989。

②　Susan Naquin, *Peking, Temples and City Life, 1400-1900*, Berkeley, University of California Press, 2000, pp. 161-166.

意强调应剥离士大夫在记述内官时的敌对情绪，并以谷大用和冯保为例，揭示他们在宫廷与城市生活之间的中介角色。但是，对于内官在明代的社会变化中对寺庙的特殊需求，特别是通过大量个案理解不同时期、不同群体的内官在建庙事件背后的复杂政治、经济、社会、文化因素，并未做出深入的文献解读和剖析。

对于佛教在明代国家与社会中的重要作用，卜正民也论述颇丰。[①] 他一方面强调了明初国家与儒家士大夫对佛教的限制和批判态度，另一方面则指出，在晚明时期，佛教与士绅有了深度的合作，士绅借助佛教，或通过向佛寺捐助，意欲强化他们对社会的普遍影响力。但是，对于士绅的种种行为，卜正民更流于相信他们的书面论说。事实上，在很多地方，我们通过族谱等民间文献可知，士绅建庙或捐献香火田，目的是逃避国家的税收，并在适当的时机再将寺庙转化为家庙，寺产亦随之变为族产。

以上的例子，并未展开对内官在西山建庙过程的深入分析。但真正的研究，必须对每一次建庙活动中的内官个人、群体的经历，其与僧道、官绅的关系，特定时期的政治、经济事件做出详细的梳理，然后才能产生特定的具体结论。

---

① 参见［加拿大］卜正民：《为权力祈祷 佛教与晚明中国士绅社会的形成》，张华译，南京，江苏人民出版社，2005；［加拿大］卜正民：《明代的社会与国家》，陈时龙译，合肥，黄山书社，2009。

◎ 争国本：禁城以外的故事

　　国本之争是明万历年间围绕皇位继承而展开的一场影响巨大的争论，与此后的梃击、红丸、移宫三案等宫廷风波有直接瓜葛，历来是明代政治史上引人注目的事情。对这件事情本身，学界大体上没有歧见，或说其为朝廷中的党派之争提供了一些口实，或说其说明皇帝的权威往往受到群臣的挑战和制度的约束，并非事事专制独裁。

　　所谓国本之争自万历十四年（1586）正月皇三子常洵出生、郑氏晋为皇贵妃开始，到万历二十年（1592）后达到高潮，至万历四十二年（1614）福王之国告一段落。但这场风波并未局限于宫闱和庙堂内部，而是扩展到一个较大的空间。

　　北京东岳庙中现存一方碑刻，为我们提供了这场风波的一个侧面，现全文录之如下：

东岳庙碑记

赐进士及第光禄大夫武英殿大学士太子太保礼部尚书太仓王锡爵撰

光禄大夫柱国首掌南京中军都督府事西宁侯定远宋世恩篆

诰敕房掌典籍事务中书舍人上海王国栋书

岁季春，当品汇发生之候，世相传为青帝诞辰，兹惟大明皇贵妃郑氏暨皇三太子，集诸宫眷、中官等制帝后冠服、束带、香帛、纸马及宫殿廊庑神祇，咸致礼有差。自庚寅迄壬辰历三岁，盛典告成，征言勒石用垂久远，于是中官刘坤、刘朝、孙进预以状来视。予时在告将行，坚辞，且诘之曰："贵妃、皇子富贵极天下，福泽无复可加。兹举也，岂求福耶？或以修来世耶？抑又有出于一身之外，而大有所祈报也？"中官等磬折而前曰："履厚福者，祈不加增；修来世者，报不在近。神道甚远，幽理难通，中官伏睹祝史所陈，窃知贵妃、皇子所为齐心礼岱者，不为一身计，不过为主上祝厘，为苍生答贶，宫中无所事事，此以殚厥心焉，尔愿鸿笔，勿终靳也。"予欣然曰：有是哉，予故不以言诳人，敢以诳神？然一念忠君爱民之心，自筮仕至今未忘，乍闻而祝厘答贶一语，实触丹臆，乃扬言曰：大哉乾元，万物资始。至哉坤元，万物资生。《易》言：造化生物之功，浩然率育之命，又必思之。青帝俾掌岱宗，为四岳首，宗伯岁举典礼，秩祀时有加焉。矧今天子神圣，昭格两间，凡天地山川之神，得以祚我圣躬，福我黎庶，何所不效其灵。贵妃命而等恪恭东岱敦末祀事，上为天子祝釐，祈于万寿无疆；下为苍生答贶，祈于万民。是若合上下以承庥报神慈之恐后，是诚。为社稷，非为身也。而告予曰：履厚无所增修，来不及远，若与身果无与者，予则以为福。一人则一人安福，天下则天下举安，休征集于九重，利泽衍于四海，太平之福盖将与天无极。贵妃、皇子所赖以享于无穷者，政在于此。谓福不加增而报，不在近者而言，不亦浅乎！且神人异道，幽明异通，以人事神，以明格幽圣人，犹不轻仪，顾善不善之旨，不可诬也。夫举动弗善，则为非义；冀望弗善，则为拂经；称引弗善，则为弗典。修祀比于职宗，于义起得矣；祈福归于主上，于理道顺矣；述词系于崇报，于典礼协矣。一举而三善备，虽垂之久远，天下后世即议其迹，不敢尽非其心；即指其渎，不得不嘉其意。史称姜嫄助高辛，而配天之功，终古未央；后妃佐周文，而樛木之风，于今为烈。宫闱有裨于明庭，帝天克享于内德，其来尚矣。而执此往矣，世必不以予言为诬也。遂从而颂曰：

维神司福，维主握符。司福之柄，赫其天都。握福之纪，绵绵帝图。俨彼岱宗，岁走万夫。虔共祀事，实禀中壸。何以尽忠，一诚默孚。何以尽物，九旒纯朱。神具悦止，依然来徂。亦既锡止，宝箓飞凫。社稷永赖，宫府无虞。天子万寿，与天为徒。勒之贞珉，与日同旴。

大明万历二十年岁在壬辰季春立石。[①]

碑阴题名中为首的是乾清宫管事、御药房总提督、掌尚膳监印太监张明，某某宫近侍、内承运库掌印、御马监太监孙顺，以及乾清等宫近侍、御马监等衙门金书太监等82人、会首13人。另有荣嫔李氏、德妃许氏等92名女性。

此碑的撰文者是大学士王锡爵。王锡爵不是国本之争的始作俑者，最早是申时行打头炮，但万历十八年（1590）在毓德宫阁臣与皇帝讨论立储事，王锡爵也是在场的。万历十九年（1591），次辅徐国再次拉辅臣集体上书请求立储，密揭留中；同年年底，辅臣王家屏再度请求明年春立储，不报。

就在这个朝臣逼迫明神宗迅速立储的关键时刻，郑贵妃在万历十八年到二十年，率众在东岳庙举行了三年的酬神活动。虽然碑文中对这次酬神活动的目的只是说了一些冠冕堂皇的话，但其目的还是昭然若揭。碑文中竟把"皇三子"写

---

① 赵世瑜主持辑录并审订：《北京东岳庙与北京泰山信仰碑刻辑录》，31～32页，北京，中国书店出版社，2004。

成"皇三太子"，当然不是无心之失。在这一时期，王锡爵的态度是不太鲜明的，这当然也是郑贵妃派宦官请他来写碑文以示笼络的原因。

王锡爵的这种模棱两可或者委曲求全的态度，似乎因万历二十一年（1593）正月他归省回任之后遭到言官们的批评而有了转变。谷应泰《明史纪事本末》记载他"不觉泣下"，而且自劾三误。同年二月他又两次上疏立储。但是就在这一年，王锡爵还为泰山岱顶的碧霞元君祠写了碑记，虽然原碑已毁，但还是可以从残留的碑文中看到此碑与北京东岳庙碑记的相似性。是碑称：

> 万历庚寅岁，近侍诸臣吕进朝、孙成等百余人言于上曰：臣等供奉内廷，罔克补报，愿以公务之暇，恭一办香于岳顶，臣等无他祈祷，惟愿陛下万岁，国家永享太平；两宫圣母，寿福山齐；圣子神孙，茂介繁祉。天子嘉其诚，许之。以春秋礼岳，祝厘三年无所倦怠。至是思勒碑，答神贶。①

无独有偶，郑贵妃还同时在泰山的寺庙建醮，祈求她能如愿。根据研究泰山文化的专家周郢所见，泰山西麓的三阳

---

① 《东岳碧霞宫碑记》，转引自周郢著，泰安市泰山区档案馆编：《周郢文史论文集：泰山历史研究》，203页，济南，山东文艺出版社，1997。

观遗址有三通郑贵妃修醮碑，碑文分别如下：

皇醮碑记

钦差乾清宫近侍、御马监太监樊腾，遵奉大明皇贵妃郑淑旨，敬诣东岳泰山岱顶圣母娘娘陛前，虔修醮典，遍礼诸圣，仍于三阳庵全真道士昝复明等，复做清醮一百二十分位，上叩诸天遥鉴，圣母垂兹［慈］，佑保贵妃圣躬康泰，皇子平安，星辰顺度，疾疫痊除，寿命延长，家国协吉。领教奉行，顿首谨意。

万历十七年十月十五日，本庵道士昝复明立石。

皇醮碑记

钦差乾清宫近侍，御马、尚膳监太监曹奉、李奉，今承明旨，遥叩泰山圣母娘娘，进香遍礼诸神，仍命三阳观住持、全真道士昝复明于玄阁修醮，进香三次，礼醮三坛，伏望诸天默佑，圣母垂兹［慈］，上祝皇帝万岁，享圣寿于无疆；贵妃退龄，衍天年于不替。四海澄清，太子纳千祥之吉庆；边夷靖服，黎民受五谷之丰登。皇图巩固，国脉延绵。领教奉行，顿首谨意。

时万历岁次甲午孟春吉旦，本观住持、全真道士昝复明立石，浙江江阴山人钱伸书。

皇醮碑记

钦差乾清宫近侍、□□监太监□曾，今承明旨，遥叩泰山顶上圣母娘娘，敬伸拜献，遍礼诸神，仍命三阳庵住持道士昝复明于玄阁修醮，进香三次，□（礼）醮三坛，伏望诸天默佑，圣母垂兹［慈］，上祝皇帝万岁，享圣寿于□□（无疆）；贵妃遐龄，衍千□□（年于）不替。四海澄清，太子纳千祥之□□（吉庆）；边夷竦服，黎民受五谷之丰登。皇图巩固，国脉延绵。领教奉行，顿首谨意。

时万历岁次丙申季秋吉旦，本庵住持道士昝复明立石。[①]

后两碑立石时间分别在万历二十二年（1594）和二十四年（1596），可知从万历二十年北京东岳庙碑文始，有了"皇三太子"或"太子"之称。同在三阳观，还有一方《太上老君常清静经》的碑石，碑阴题："万历乙未八月吉旦，大明皇三子发心刊板永远舍施。差官曹奉"[②]。乙未即万历

① 周郢著，泰安市泰山区档案馆编：《周郢文史论文集：泰山历史研究》，200～201页，济南，山东文艺出版社，1997。
② 三阳观各碑文参见周郢著，泰安市泰山区档案馆编：《周郢文史论文集：泰山历史研究》，203页，济南，山东文艺出版社，1997。

二十三年（1595），可见这几年有可能一度出现了有利于郑贵妃的形势，或者说明这一时期舆论制造的白热化。

万历二十二年二月，皇长子终于出阁讲学，但册立皇储之事还迟迟未能举行。到了万历二十九年（1601）十月册立典礼举行后，还能看到此事的延续。在济南以西的五峰山，我们看到许多建醮的碑刻，如：

敕修醮典记

三月初十日，山东五峰山遵蒙钦差翊坤宫近侍、御马监太监刘坤传奉圣旨，为万岁圣主御体万安，差官恭修皇醮，报谢三官大帝。又传奉皇贵妃娘娘淑旨，醮谢三元，寿延万寿，遵奉钦差诚谨命全真道士臣周玄贞等所以《玉匣记》选吉，奉行建醮三坛，每坛三日。并臣坤报本醮典俱完，具本回。奏命道恭刻石记，仰见皇恩永传世世，以光名山。

大明万历三十年三月十五日五峰山领经全真小臣周玄贞叩头谨记

皇醮碑记

万历三十一年二月初八日，钦差内官监太监金和遵奉圣旨，钦修山东五峰山恭修三元宝殿，祈祝福国安民，福世保民。

《玉匣记》择取二月十二日起，至十八日为圆满。又谨奉皇娘娘意旨，修大醮一坛，祈祝万岁爷爷万寿万安，万福永庆。福王殿下旨恭修大醮一坛，端祝万岁爷爷圣寿齐天。……（碑文漫漶）

皇醮碑记

大明万历三十一年六月二十六日，遵蒙钦差御马监太监曹奉传奉圣旨，特差请山东五峰山洞真观、三元宝殿恭修皇醮二坛，第一坛祈祝圣母慈圣老娘娘寿同天地，御体安康。第二坛神祈祝国增延万寿，福世康民，清吉好事。计二坛，各三昼夜，设三百六十分位。皇娘娘虔行修醮一坛，祈祝圣主万寿。福王令普修醮一坛，端祝圣主爷爷万寿万福，万喜万安。臣曹奉率道众建报本醮延二坛，依《玉匣记》涓吉言奉……

碑文中的"皇娘娘"即指郑贵妃，而皇三子此时也已被封为福王。他们还在一直为实现他们的目标而努力。

与此大张旗鼓、持之以恒的努力相比，后宫中的对立面则显得十分孱弱无力。据辛德勇所藏《观世音感应灵课》，看得出虽然储君也不是王皇后的儿子，但因长子是庶出，王皇后日后不会失去太后的位子，可一旦改立三子，皇太后则必然是郑氏，自己的地位则会一落千丈。因此她便在一个重要的时刻在京西的衍法寺刊刻了这部签书。其书后题记的文字也颇耐人寻味：

　　大明中宫皇后，每斋沐焚香，捧诵《观音灵课》，时为社提卜岁丰，祈太平，屡屡感应。遂命锓梓，印施百卷，以便臣民决疑，令预趋吉避凶，阐明法宝，慈泽后人。愿宫闱清吉，海宇万安，雨露均调，仁凤休作。愿我佛灵课，惟诚信以来格，佑为善以先知，苟渎慢不敬者占之，反至尤焉，尔其钦哉！

　　明万历壬辰春正月十五日吉，刊于大乘禅寺，计板二十二块，竟请京都衍法寺，便流行天下也。[①]

　　在万历二十年来到的那个日子里，王皇后在问何卜，我们自然不难想见。只是这与郑贵妃的造势活动相比，无疑影响极微。但是，当我们一连数年在北京东岳庙、泰山三阳观和五峰山三官殿看到那些大规模醮仪的时候，却很难想到这些平日里民间信众烧香拜神的场所与宫廷中的重大变动密切相关，成为政治史上重大变局的见证。不仅如此，它们还成为这一事件的重要舆论制造场。

---

① 参见辛德勇：《述石印明万历刻本〈观世音感应灵课〉》，载《中国典籍与文化》，2004（3）。

俗人俗话

◎ 永远的师尊

　　作为一个从事历史研究的人，能跟随钟敬文师学习民俗学，可以说是我学术生涯中的一个重要的转折点。

　　1993 年秋，我完成了在美国明尼苏达大学的一年合作研究，回到北师大，希望能攻读在职博士学位，继续在学术上充实自己。大约是自己的历史学术取向并非符合主流，所以在选择主攻方向上不甚顺利，直到年末，我才决定尝试着报考民俗学的专业方向。但对这门学科，我的确不甚了了，在别人把大部分精力放在准备外语考试的时候，我却抱着几大本文学史和民俗学、民间文学的教材苦读。1994 年春侥幸通过考试之后，才知道敬文师在阅卷时曾对别的老师说，此生在文学、民俗学方面显然没有很厚实的基础，但从答题中却可以看出，他的分析思路有不同于文学出身者的独特之处，因此仍是可造就之材。

这一句话，使我领略了敬文师不拘一格选拔人材的风范，也由此改变了我以后的治学之路。

敬文师在国内外学术界、文艺界久享盛名，虽然我们同在一个学校，但当我第一次去谒见他的时候，还是惶恐不安的。记得那初次见面告辞后，我的两个手心里全是汗水，合了那句"战战兢兢，汗如雨下"的古话。但是很快，敬文师的平易、亲切、经常露出孩子般顽皮的笑容，使那种面对大师的紧张感消失得无影无踪。不知是有意还是无意，对于小他半个多世纪的我，常一会儿叫"小赵"，一会儿又叫"老赵"，引得大家哈哈直乐。

敬文师给学生上课的认真是有名的。其实不仅是上课的时间，就是平时去向他讨教学问，他只要讲起来就总是滔滔不绝，一连几小时，几乎没有停顿。他似乎不大爱喝水，我们觉得他一定口干舌燥，给他倒杯水来，结果往往是水杯拿在手里，却还在不停地讲着，最后一口未喝，又顺手把杯子放在了一边。有时天色已晚，我已起身准备告辞，但敬文师似浑然不觉，仍在对你认真地讲他的想法，我只好再坐下听，甚至立而坐、坐而立，如是者数次。许多朋友知我随敬文师读书，常向我问起他的身体，我总以此例对，大家无不咋舌称奇。

因材施教，授业无私，这些赞语用在敬文师身上，只嫌力量不足。他积八十年学术之功力，发现许多有意义的课题，却往往把它们交给学生，作为博士论文题目，绝不吝啬。他对我说，中国民俗学的学术发展史应该得到很好的研究，这是我的一个心愿。你是学历史出身的，而且理论分析能力较强，应该能够胜任这项工作。他把自己积累下来的材料交给我，有时还要在他那堆满书籍的斗室里替我翻找。我担心先生高龄，请他告诉我那材料放在哪里，我自己来找，他却说，你不好找，还是我来找。有的书当时找不到，第二天一早他就打电话来，说是找到了，让我去取。九十多岁的老人，弯着腰，在厚厚的书堆里替我细细翻检资料，那身影总在我眼前晃动！

敬文师视力不好，我曾托好朋友帮忙，为敬文师做了白内障剥离手术，植入人工晶体，效果尚可。据说启功先生十分羡慕，因为他虽也眼睛不好，但因身体原因，不能做此手术。敬文师的心、肺、脑等一切健康，虽然医院比较紧张，准备了保护性措施，但手术很顺利。尽管如此，他的视力比正常的视力还是差很多。所以，我们的毕业论文每每二十万字，写成初稿时要一字一句地念给他听。他坐在那里，有时眼睛微闭着，像在打盹的样子。但他会突然张开眼睛，直起身来，告诉我们哪里哪里似乎不妥，应该如何如何改为好，或者让我们重读一下，再揣摩一下是否合适。弟子们了解了先生的这个习惯，哪怕先生在听读时表现得再闲散，也不敢

［上］博士学位论文答辩，前排
右起第一为钟敬文先生

［左］获博士学位后，与钟敬文
先生的合影

马虎大意，读的时候谨小慎微，还不时偷眼看看先生的神态。
每当溽暑将至的时期，敬文师与每届三四个，甚至更多的弟
子，便要有此一番奇妙的经历。那种略带紧张却又很温馨的
气氛，是大教室里上课所完全没有的。

　　论文答辩是弟子们修成正果的时候，也是我们最紧张的
时候。敬文师请答辩委员，绝不是请本学科或系里的老师凑

数，而一定是该领域的专家。比如有关于农业生产民俗的论文答辩，他会请来搞农业史的专家；有关于历法或者星象之类的论文答辩，他则请天文学方面的专家做主席。我的论文涉及民国时期的学术思想，他就请了研究中国现代思想史的王桧林教授主持答辩。敬文师把答辩会开成一个学术讨论会，他自己自然要讲个几十分钟，别的专家受他的鼓舞也都畅所欲言，旁听者往往门庭若市。

记得我答辩的时候，北京大学周星教授提了个很重要却很难对付的问题。他问："既然是做民俗学史，钟敬文先生当然是你的研究对象。但钟先生是你的老师，你也通过对钟先生的访谈获得许多第一手资料，那么，作为研究者，你怎样保持自己的学术独立性，使研究更为客观可信呢？"对此，我如果回答说基本上同意敬文师的看法，那么答辩委员多半会觉得我的研究缺乏独立精神；如果我说有很多意见与敬文师相左，那就要冒得罪老师、被人批评狂妄的风险。

我望了一眼老师，他也在那里嘻嘻笑着看着我，仿佛在说：我帮不了你，自己对付吧。我来不及过多考虑，便说："记得前贤说过，吾爱吾师，吾尤爱真理。虽然我的整个研究得益于先生，也有许多观点与先生相同，但也有一些观点与先生不同。比如先生一度曾强调民俗学科是一门当代学，而非古代学，这是针对以前民俗学以研究历史时期的风俗为主、使用的多为文献材料的状况而言的，无疑是对的。但我同时认为，民俗学虽非古代学，但却是历史学，因为它的核心特征是讲传承，传承就需要时间，何况历史学也研究当代史。"敬文师丝毫不以为忤，反而对我的态度很赞赏。此后他也在多个场合讲民俗学研究要重视历史，民俗史和民俗学史被他列为民俗学学科体系中的重要方向。

这使我由衷地感动。我见过太多弟子因与老师的学术观点不同而遭遇坎坷的例子，开始，我有点不敢相信我的幸运——一个学术泰斗，一个仰之弥高的长者，能够容忍孺子的信口雌黄么？这以后，我多次与敬文师讨论学术问题，也提出过不同意见，甚至也见到教研室的其他老师与敬文师切磋，但先生始终是那样和颜悦色，毫无权威的架子——八年来，我从没有见过先生发过一次脾气！

敬文师驾鹤西归的前十天，我去医院看他。他还在谈学问，谈民俗学著作的出版，谈上课。我起立辞别的时候，他仍与以前一样，说个不停。钟宜大姐和护士只好打断他。他靠在那里，望着我离去。我完全没有意识到此别竟是永诀。直至今日，我还总觉得敬文师还在我们身边，当我面对我的学生时，敬文师就在那里，看我是否能像他那样，为学生耗尽心力。

◎ 岁末说节

　　岁首岁末，人们谈论较多的话题之一是欢度年节。几千年的文明史上除了金戈铁马、帝王将相，更多的是百姓的日常生活。人们一年到头辛勤劳作，总要有个喘息的机会，"节"就表示一个间断。四季流转，春种秋收，大自然本身就有其运动的节律，生产与休闲也往往依着这个自然的节律得到交替安排。岁末岁首，既是一个自然周期的结束，也是一个周期的开始，因此得到大家的重视。清朝乾隆时的《帝京岁时纪胜》记载京师除夕夜的情景："闻爆竹声如击浪轰雷，遍乎朝野，彻夜无停。"普通市民之家，正月初一则穿上新衣服，"出门迎喜"，阖家团拜，逛庙会，"路遇亲友，则降舆长揖，而祝之曰：'新禧纳福'。到正月十五看灯，"五夜笙歌，六街轿马"，这个节才算告一段落。

过节当然不只是过年。在传统社会中，从农历正月到腊月，除了与自然节律有关的如二月二"龙抬头"、三月清明、五月端午、八月中秋、九月重阳等之外，还有各种神诞、纪念日作为百姓休闲的节日。清代直隶怀来泰山庙会时，有数十大汉举着幡竿，"有力如虎，矫捷飞腾，此擎彼舞，目不暇接"；滦县的乡村儿童"装扮百戏如傩状，挨村迁绕，跳舞讴歌"。所以历史学家顾颉刚曾回忆说："我自己做小孩子的时候，每逢节令，吃到许多特别的食物，看到许多新奇的东西，尤其是大家穿了新衣裳，红红绿绿地走着玩着，满觉得自己是被一种神秘的快乐的空气包裹了，这种快乐仿佛是天上的仙女散下来的。""节"不仅是一种间断，而且也是一种调节，是一种节奏。人们必须在特定的时候，通过适当手段把日常的压抑和郁闷释放出来，这个特定的时候就是节日，这个手段就是各种庆祝活动，节庆是社会的心理调节器。

随着现代化的进程，西历和公元纪年进入了中国，几乎全世界都按照西方基督教的传统把"礼拜日"作为休息日。传统的农历节日日益弱化，代之而起的是公历新年、政治性纪念日，圣诞节、情人节、万圣节在中国有了较大的市场，"休闲"于是也成为西方文化传播的大好机会。相反，我们的一些传统年节如元宵节、端午节、中秋节等由于节日因子（比如放假）的消失而日趋淡化，以至顾颉刚在20世纪30年代就感叹说："现在的小孩子感受到的节令的趣味，哪里有我们幼时那么浓厚。"

1999年9月18日，国务院修订并发布了《全国年节及纪念日放假办法》、朱镕基总理在2000年3月5日发表的《政府工作报告》中，又专门就此指出，"国家增加了法定节假日天数，既促进了消费，又提高了人民的生活质量"。我想，如果能够设法完善我们传统节日的必要因子，不仅可以达到同样的目的，而且对于继承和发扬优秀的民族文化传统，加强中华民族的凝聚力，产生积极的影响。

在中国的传统年节中，有一些是至今还存在于民众生活之中的，像前面提到过的那些年节，都由于没有法定的假日而日趋衰微，人民生活水平的提高已使保存这些节日的"美食"因子（如吃元宵、粽子、月饼等）的吸引力大大减弱，更加剧了这一衰微的趋势。大学生往往无法过完元宵节就依依不舍地返校开学，工作人员会找借口请假进行清明扫墓，子女往往给老人送一盒月饼然后拔脚就走，使传统的家庭和社区的团圆、凝聚，尊老爱幼、爱国爱乡等传统美德减少了民俗的保障机制。

香港特别行政区曾长期经受西方殖民统治，其法定节假日中当然存在一些西方的传统节日，但即使如此，其法定节假日中仍然包括清明节翌日、端午节、中秋节翌日和重阳节各一天的休假（其之所以有翌日是因为考虑到年节当天晚上会有家庭或社区的团聚或庆祝活动，休息较晚）。1949 年 12 月和 1999 年 9 月的有关规定中都有关于"少数民族习惯的节日，由各少数民族聚居地区的地方人民政府，按照各该民族习惯，规定放假日期"的条款，这是对少数民族民俗传统的尊重，但依同样的原则，也应对占人口多数的汉族的年节习俗做出相应的考虑，使汉族还能保留下一些自己的文化特色。

也许，对中国传统年节放假的调整，还会有利于"假日经济"的适度发展。因为一次假期过长，会引导人们做远途旅游的安排，这虽有利于消费，却容易引起拥挤、物价不合理上涨、服务水平降低、安全隐患等一些问题。商场效益可能一时猛增，但也可能平时冷清。如果适当增加几次短假期，把节日消费做适度分摊，也许效果会更好。这一点，也许工商管理的专家们会有更佳的建议。

1999 年年末，我正在美国进行学术访问，在那里度过了圣诞节和新年。这些节日以及情人节、感恩节等，其起源本与宗教有关，但日益变为世俗性的民众节假日，西方人在欢度节日的时候，主要是家庭团聚、购物、美食、旅游等世俗内容，其宗教性已大大淡化了。我在"入乡随俗"的同时，看到他们兴高采烈的样子，总想到我们比他们悠久的文明、比他们丰富的民俗传统，现在只剩下春节在假日的支撑下受到人们的重视，而那些西方的节日却正大举进入我们的生活，心中总是不能平静。

　　"东风夜放花千树，更吹落，星如雨。宝马雕车香满路，凤箫声动，玉壶光转，一夜鱼龙舞"。辛弃疾笔下的元宵之夜虽是历史，但我们相信，这既是历史，也会是现实。

◎ 中国年节：跨时空的文化冲突

　　1997 年 11 月底，我在韩国汉城（今韩国首尔特别市）繁华的商业街闲逛，欣赏着那里灯火辉煌、五光十色的夜景，偶然发现许多大商店已经提前一个月做好了迎接圣诞节的准备：巨大的圣诞老人像已在那里笑容可掬地欢迎客人，圣诞树和红白相间的小旗、彩灯之类也热热闹闹地装点其间，加上川流不息的购物人群，似乎已提前进入了圣诞购物的狂潮之中。这不禁使我感叹：韩国这样具有鲜明东方文化传统的国度，也抵挡不了西方的宗教年节文化！

　　几乎与此同时，我的一位朋友——美国的一位中学教师——从万里之遥发来一封问候性的电子邮件，告诉我现在已是美国的假日季节，周末是感恩节，大家要吃火鸡（我奇怪火鸡肉这么粗糙的东西怎么居然百吃不厌？）和其他丰盛的食物，回顾与美国历史有关的事情（也许这就是上面问题的答案）；然后就是节日之母圣诞节了，虽然到处兴高采烈，但她是犹太人，因此并不庆祝这个节日。圣诞节本是阖家欢聚的时候，但她的许多学生的家庭是分离的，因此在这个气氛下并不开心。只是她记得很快就是一月了，到那时一切就都会烟消云散。这同样使我感叹：即使同是美国人，同样生活在美国而且切身感受到那里的节日气氛，就是由于民族文化传统(包括宗教)的不同，而绝不参与到这个举国狂欢中去。

一个鲜明的对比。

回到中国，我们也已处在一个"假日季节"，在这里，我们还能不能清晰地感到一种文化传统的空间差异？改革开放以来，这个时候几乎每一位城里人都会接触到的就是贺卡，这个贺卡迅速地传播着圣诞树、圣诞老人、蜡烛、马车等圣诞标志，season's greetings，Merry Christmas 等西式问候语也因它而耳濡目染。大学生要开圣诞舞会自不必说，小孩子对"铃儿响叮当"这样的圣诞歌曲也是耳熟能详，至于"新年歌"或"生日歌"更是那个大家熟悉的固定的曲调。大宾馆、饭店、商场的商业性炒作就更加推波助澜，推出各种各样的带有圣诞标志的服务项目。显然，圣诞节已经在中国的城市中扎下根来。

"洋节"的"入侵"当然还不止于此。记得有一年北京的一家报纸登载过一条惊人的消息（似乎是说博士可以生第二胎），事后被证明是愚人节的玩笑。也早有一家生活刊物感慨道："20世纪90年代的中国女孩已经在过西方的'情人节'了。在那天，她们会坦然接受一朵或'999'朵玫瑰花。"年节文化的西化趋势也很明显，即使在传统的春节期间，许多人也迅速接受了电话拜年的形式，取代贺卡和团拜；有条件的人甚至使用电子邮件，便宜而且快捷，图文并茂。不要说晚辈给长辈磕头是早已被抛弃的习惯，就是专程拜年问候两句，鞠个躬、作个揖也免了。这固然是现代社会快节奏的结果，但也的确把本来就日益淡漠的亲情更加抹淡了。于是有人开始惊呼："中国人还有没有自己的节？"

翻开并不古老的历史文献，我们就会沉迷于对往日年节活动的钦羡之中。这里不仅有令人振奋和产生温情的热闹场景，还有存在与自然节律的和谐共鸣。清朝乾隆时的《帝京岁时纪胜》记载京师除夕夜的情景，是"闻爆竹声如击浪轰雷，遍乎朝野，彻夜无停。更间有下庙之博浪鼓声，卖瓜子解闷声，卖江米白酒击冰盏声，卖桂花头油摇唤娇娘声，卖合菜细粉声，与爆竹之声，相为上下，良可听也。士民之家，新衣冠，肃佩带，祀神祀祖、焚楮帛毕，昧爽，阖家团拜，献椒盘，斟柏酒，饫蒸糕，呷粉羹。出门迎喜，参药庙，谒影堂，具柬贺节。路遇亲友，则降舆长揖，而祝之曰：'新喜纳福'"。

隔了立春时鞭春、咬春的习俗，就到了正月十五的上元节，这个节以灯会著称，象征着对光明的追求，其间龙灯、花灯、冰灯，各式各样，百灯齐放，兼有灯谜演艺，使各地在这一天成为名副其实的不夜天。妇女结伴"走百病"，据说可保一年无痛无灾。京师小儿们唱着歌谣："杨柳青，放空钟。杨柳活，抽陀罗。杨柳发，打尜尜。杨柳死，踢毽子。"把季节变化体现在了游艺之中。南方农村有的在田里点灯，有的燃火把，谓之"烧田蚕"，为盼望好收成之意。

　　过了正月十五，大年就算过完，小孩子们就要进学堂。但春天里的小年节还连续不断。以北京来说，正月十九"白云观庙会"；正月二十五是添仓节（祝愿家家仓满粮足）；二月初一中和节是太阳生日，小孩子可以吃着太阳鸡糕；二月二龙抬头；二月十二是花朝节，即是百花生日，表达一种对繁花似锦、春色满园的希望；二月十九则是观音的生日，各地常有观音庙会。一直过了清明，蟠桃宫庙会和东岳庙会（各地还常有规模盛大的城隍庙会），北京人才把春天的年节告一段落。

　　一年四季，周而复始。四月的浴佛节、五月的端午节、六月的晒衣节、七月的七夕节和中元节、八月中秋节、九月重阳节，一直到腊八和祭灶，或与自然节令有关，或是人们自己制造出来的神诞日（也是一种纪念日性质的节日），连续不断，成为调剂人们生产和生活的重要手段，也是民族文化的象征和标识。

人本身是一种自然物，自身的运动规律应该与自然界的运动规律协调一致，这种观念不仅体现在古代哲人们高深玄奥的"天人合一"学说中，还体现在民众创造出来的年节之中。传统中国是一个农业国，传统年节也就与农业耕作的节奏密切联系在一起。以中国大部分地区的季节性气候条件来说，春天是播种的季节，而秋天则意味着收获，年景的好坏无论对于国家还是对于个人都至关重要。明末小说《醒世姻缘传》中描写道："立了春，出了九，便一日暖如一日，……大家小户，男子收拾耕田，妇人浴蚕做茧，渐次的春社花朝，清明寒食，……挨次种完了棉花蜀秫，黍稷谷粱，种了稻秧，已是四月半后天气；有忙劫劫打草苫，拧绳索，收拾割麦，妇人也收拾簇蚕。割完了麦，水地里要急忙种稻，旱地里又要急忙种豆，那春时急忙种下的秋苗，又要锄治。……才交过七月来，签蜀秫，割黍稷，拾棉花，割谷，钐谷，秋耕地，种麦子，割黄黑豆，打一切粮食，垛秸干，摔稻子，也还忙个不了。所以这个三秋，最是农家忙苦的时月。……说便是十月初一日谢了土神，辞了场圃，是个庄家完备的节候。"

　　这里的"春社"和十月谢土，就是自古就有的"春祈秋报"。所谓"民间春秋祀田祖五谷之神，做乐宴会，盖祈谷报赛之遗礼也"①，或者"若乡社赛神，春祈秋报，醵钱谷，

① 乾隆《安肃县志》卷一《风俗》，41页下。

县牲礼，张乐演剧于神庙"[①]。农民在春天乞求上苍保佑，秋后有个好收成；而到了秋收之后，又要感谢上天的眷顾。他们杀猪宰羊，唱戏宴会，表面是为了谢神，实际上是在即将开始的农忙之前进行最后的"轻松"，而秋后则是为了庆贺丰收。直到今天，我们还可以在一些地方（比如广西罗城仫佬族自治县的龙岸）看到祭社分社肉的仪式；而在北方的许多农村（比如山西），农民在收获之后也要请剧团或戏班来唱戏，或者至少是放一场电影。这些显然都是"春祈秋报"的遗存，只是没有那么热闹火爆而已。

俗话说，"二月二，龙抬头"。老百姓在这一天引龙熏虫，甚至妇女都要停止做针线活，害怕伤了龙目。原因是这时正处在雨水和惊蛰之间，能带来雨水的龙开始苏醒，是一年是否风调雨顺的关键时刻。河北赵县的范庄镇这一天有大型的"龙牌会"，成为本地的最大节日之一。范庄人自称是共工后代勾龙的后人。勾龙带族人在这里改牧为农，后为拯救部族，于二月二这一天化白蛾而去。范庄人把"龙抬头"转化为对祖神的崇拜，把具有自然功能的龙转化为凝聚社区的象征，但实际上还是如当地打扇鼓时所唱的："二月二，龙抬头，天上下雨地上流。春天里俺打扇鼓盼春雨，秋天里打扇鼓俺庆丰收。"

---

① 乾隆《鸡泽县志》卷八《风俗》，3页下。

"清明时节雨纷纷，路上行人欲断魂。"众所周知，清明节是扫墓的时候，似乎到处笼罩着一种悲戚的气氛。实际上怀念先人本在寒食节，二者相连，寒食节淡化，这项内容就被移植到清明来了。按古人的原意，清明也是万物始生的时候，所以农谚说："清明前后，种瓜点豆。"死者已矣，生命延续，所以在这时要野外游春，四处插柳（农村往往插在河边，城市则插在屋檐），因此荡漾着欢快祥和、充满活力的气氛。

五月，端午节人们吃粽子、赛龙舟，是这个节日的"保留节目"，却少有人知道这时还要贴门符，悬挂艾叶，插菖蒲，用苍术、芸香熏屋子，饮雄黄酒，再用雄黄在小孩额、鼻、脸蛋、手脚心上涂抹，说是辟邪。实际上古人通过经验，认为农历五月是"恶月"，气候不好，各种虫子也都活跃起来了，容易得传染病，因此采取"土法"来进行预防和保健。

此外像八月十五的中秋节（"团圆节"），无非是希望所有家庭成员能够共享丰收的喜悦。九月初九的重阳节登高望远，虽然最初有登高避灾的渊源，但因此时秋高气爽，成为冬季到来、足不出户之前的健身远足的机会。像立春、夏至、立秋、冬至这些重要的季节变化时刻，都有特定的仪式活动。所以，中国传统年节的丰富内容是与自然界周而复始的循环变化直接相连的，这与西方年节几乎都和宗教有关非常不同。

当然，中国传统年节与祭神有关的也不少，而且通常规模极大，异常热闹，构成全民的狂欢。但虽说是祭神，却很少陷入那种宗教的迷狂之中，世俗的意味很浓。除了搭台唱戏之外，最引人注目的是游神的行列，金碧辉煌的仪仗、五颜六色的旗帜、锣鼓铙钹的轰鸣，各种杂技、高跷、旱船、花鼓、秧歌、舞龙舞狮……尽在行列之中，吸引了大量观众随行，演员和观众都共同沉浸在彻底放松同时又高度亢奋的欢乐情绪之中。所谓"民俗终岁勤苦，间以庙会为乐，演戏召亲"，这个"间"也就是"节"，节日就是一种有意的"间断"。在过节的时候，人们的正常工作被间断了，与前者相关的心理、情绪、行为方式都被间断了：平时的紧张节奏放松下来，适应这个节奏的快餐被精心烹制的美食所取代，简单划一的制服变成了个性化的、多姿多彩的服饰，娱乐变成生活的中心内容，呆板僵化的等级关系和性别关系在这里被打破了……只有在这时，人们才恢复了（或者部分地恢复了）他们的自然本性，与自然界的松紧、快慢、张弛一致起来。这，才是"节"的真正含义。

　　中国传统年节的日益弱化并不自今日始。有人说，中国传统社会男女授受不亲，现在这种局面被打破了，于是需要一个节日来黏合陷入情爱中的男女，西方的"情人节"就在中国走红起来。实际上，中国古老的"情人节"就是春社和三月三的上巳节，而三月三是连接立春和春社的整个春嬉活动的一部分。春社的目的是祭土和祭社，上古时要举行仪式来祝愿万物茂盛生长，由于对人与自然的交感的认同，仪式中往往有模拟性交的表演，象征播种和繁衍。同时就有所谓"桑林之会"，青年男女可以自由野合；所谓"中春之月，令会男女，是时也，奔者不禁"，《诗经·郑风·溱洧》就描写了三月季春郑国的青年男女在观看祭社之后自由结合的情景。中国人以"春情"来形容爱欲，抓住了春天万物勃发、动植物生命力旺盛的共同特点，把自然周期与人的生理、感情变化结合起来。随着道德秩序的确立，这种大胆示爱的习俗迅速消失，变成曲水流觞、诗文唱和或者踏青的时节。但它的遗迹却可见之于云南白族的三月三歌会、布依族的仙歌节、侗族的三月三和播种节、壮族的"歌墟"等，甚至在以祈子为主要内容的汉族庙会活动中，比如河南淮阳人祖庙会（二月二至三月三）、陕西骊山人祖庙会（三月三和六月十五）、岐山周公庙会（三月初十至十五），都有遗存。

中国传统年节基本上都是附着于农历的。随着公历纪元的引进，与自然节律息息相关的农历被取代了，以至顾颉刚1932年在为娄子匡《中国新年风俗志》所写的序中指出，"改用阳历之后，政府当然禁止阴历节令的娱乐，而阳历节令的娱乐还没有养成，又差不多不许有节令了。现在的小孩子感受到的节令的趣味，哪里有我们幼时那么浓厚。如果我们民族永远受着时势的压迫，大家除了穿衣吃饭之外更没有羡余的要求，又加意外的摧残，恐怕这种节令的快乐要在数十年内消灭了"。实际上所谓阳历，不如说就是西历，因为就连我们的休息日，也与基督徒做礼拜的日子统一了起来。

另一个因素是近代科学主义的影响，在反对迷信的旗帜下，许多热闹非凡的神诞节庆被取消了。实际上，即使在过去，中国人的宗教观念也是极为淡漠的，他们对所拜的神未必有什么真的信仰。过去逛庙会的人多数不是为了烧香，而是为了娱乐休闲。我们今天去祭祀炎黄，哪个相信他们是真神？西方人欢度万圣节、圣诞节的时候，有多少人是在想着基督教的教义？因此传统的鬼神偶像与其说是宗教迷信的表征，不如说是凝聚民众核心的神秘载体；它们所起的作用与其说是宗教性的，不如说是世俗性的。我们肯定不会否定端午龙舟竞渡活动对群体的凝聚意义，但我们并不会特别注意其起源时的辟邪、招魂和崇龙的宗教意义；我们无法想象如果没有泼水节，傣族的民族凝聚力将会受到怎样的削弱，但它最初却是傣历新年的除魔活动。

今天人们生活水平的提高和审美情趣的变化当然也对传统年节形成冲击。顾颉刚回忆说，"我自己做小孩子的时候，每逢节令，吃到许多特别的食物，看到许多新奇的东西，尤其是大家穿了新衣裳，红红绿绿地走着玩着，满觉得自己是被一种神秘的快乐的空气包裹了，这种快乐仿佛是天上的仙女散下来的"。现在城市里的儿童恐怕大多不再会有这样的感觉了，因为平时就都可以吃到这些"特别的食物"，天天都可以打扮得花枝招展。吃元宵、粽子或许怕不消化，吃月饼或许嫌太甜，春节时的大鱼大肉又太腻，失去了美食吸引力的年节也同时失去了部分的生命力。

年节的存在需要一些必要的因素。首先需要有人们认同的精神象征，和围绕这些精神象征演化出来的传说故事、历史和具体的物品。过去大年初一祭祖时，这个精神象征就是家族的共祖，他也许是古代的名人，也许根本就是子虚乌有的人物，人们用他来凝聚整个家族的成员。他的具象化就是祖先牌位，以及祖先创业的英雄故事。端午节的龙舟竞渡在起源时也有辟邪、招魂和崇龙的含义，但逐渐演化为以英雄崇拜为核心的集体精神抒发的活动。傣族泼水节的精神寄托在于降妖除魔的神话传说，泼水已经变成表达欢乐亲昵的形式。中秋节的精神象征是月亮，月亮寄托着人们对团圆的渴求，像嫦娥、兔儿爷等精神象征又给它附着了许多美丽的、吸引人的故事。今天，我们的青少年朋友对这些有关的传说故事知道得少了，社会变化使亲情淡漠起来，许多民族的文化象征变得不再神圣，中国的传统年节逐渐失去了存在的根本。

顾颉刚说："一个人在生命的长途中，时时在求安慰，一定要有了安慰才能奋勉地从事工作，不灰心于一时的痛苦；而这种节令的意义是在把个人的安慰扩充为群众的安慰，尤有重大的关系。"无论什么时候，人都需要有精神的支柱，节日当中的一些象征物就是这样的支柱。人们当然不会相信上帝会派圣诞老人从烟囱里下来，给孩子们带来惊喜，但宁愿"欺骗"自己以获得片时的欢乐；人们在紧张忙碌的快节奏之余，希望沉浸在一个雪花徐降、宁谧安详的"平安夜"里，这就是圣诞夜的精神意义。中国传统年节中的许多精神象征自然属于被淘汰的东西，但也有许多是值得加以过滤和净化、从而保留下来的东西，同时这更启示我们要在年节活动中注意创造新的、符合时代要求的凝聚载体。

当然传统年节的存在还有其他要素。过去的年节是娱神更娱人的，人们喜欢过节，就是它们能满足人吃好、玩好、休息好的需求。西方的第一大节圣诞节之所以热闹，原因在于它能满足人们的购物需求。有人说，"圣诞节近年的传入就是因为它有圣诞树、圣诞烛光，有唱诗，这些在我们传统节日中是找不到的"。此言差矣，起类似作用的东西在中国传统的年节和庙会中比比皆是。像我们上面所举的清代北京除夕之夜的情景，像清代直隶怀来泰山庙会中数十个大汉举着幡竿，"有力如虎，矫捷飞腾，此擎彼舞，目不暇接"。滦县乡村里的儿童"装扮百戏如傩状，挨村迁绕，跳舞讴歌"，使"观者蜂拥蚁簇，妇女登巢车以望，举国若狂"。

节日必须有自己的独特象征物，比如西方感恩节的火鸡、圣诞节的圣诞老人和圣诞树等都是这样，缺了它们就不是这个节了。中国的端午节离了粽子自然不行，但已缺了在门上悬艾、孩子在颈上挂五色丝线、饮雄黄酒等习俗，城市人或平原山区又不划龙舟，节日的气氛当然不足。现在城市里剩下的就是"大红灯笼高高挂"，难免西方基督教文化的节日象征会占领我们的市场。

节日是宣泄的时刻。因为人的情绪不能总处在压抑郁闷之中，否则必会出现心理上的不健康，引起社会的不安定。"节"不仅是一种间断，而且也是一种调节，是一种节奏，甚至是一种节制。人们必须在特定的时候，通过一些适当的手段把压抑和郁闷释放出来，这个特定的时候就是节日，而不能是随时随地；这些适当的手段就是传统的放炮、游神、舞龙舞狮、熬夜逛街，或是西式的劲歌狂舞。古人有诗曰："爆竹声中一岁除……总把新桃换旧符。"现在大城市里没有了爆竹声声，更不知驱鬼的桃符是何物，人们憋在家里看电视，没有外出游乐的氛围，这不仅对年节的生存环境形成威胁，而且使已经淡漠的人际关系更趋淡漠。有人说得好，"节日的安静与日常生活状态的浮躁、喧嚣形成了强烈反差"，前者可能是取消了节日心理调节器功能的直接表现，后者则是它的后果。因此，把某些适当的调节手段和机会取消掉，有可能把发泄的特定时间从节日转到日常，有可能把正常手段变成非正常手段，也就是"丢了西瓜捡芝麻"。

此外，休闲也是很重要的因素。过去人们喜欢过节，是因为平时没有休息日，只有年节才创造了这样的机会。或者说，人们为了休息（调节）才不断地创造节日。西方人也是为了休息，才每七天做一次礼拜。大约是因为工业社会工作节奏更为紧张，对喘息的需求更为频繁，所以全世界都接受了西方七天一休息的模式。甚至在美国，不仅早就有了五天工作制，更把许多周末与节日连接在一起，造就了三天休息日，称为"长周末"（long weekend），无非是希望多一些休息，少做一点工作的"奴隶"。在今天的中国，人们除了固定的休息日（周末），加上新节日元旦、五一和十一，就只有春节这唯一的传统年节有共同的休息日了，其他一切照常工作。人们疲于劳作，没有过节的心情，传统年节也就被逐渐淡忘了。试想，中秋节人们各自工作，有的还要在晚上值班，怎么可能一家团圆、在一起品尝月饼呢？

造成中国传统年节衰落的主观、客观因素可能还有许多，但我们的确应该多多反省和检讨一下自己。在我们的现代化建设过程中，我们的确抛弃了许多坏的东西，但也的确丢失了许多好的东西。

与西方节日相比，中国传统年节蕴涵着更多的民族文化传统，反映着与自然节律的和谐一致，强化着敬祖亲族的伦理原则，同时强化着社区、邻里、行业、性别间的人际关系，调适着不同社会群体间的张力，因此发掘和保存这些优秀的传统遗产，使它们在日常生活中扮演重要的角色，还是有意义的。否则，随着我们有意无意地剥夺传统年节赖以生存的各个要素，它们的消失和西方年节文化的扩展将是不可避免的前景。

记得在一次关于中秋节的电视节目中，我曾表达过以后要到农村去过节的希望，这倒的确是由衷之言。因为在田野工作时与农民的节日表演队伍混杂在一起，听着锣鼓声在耳边轰鸣，我不由得热血沸腾起来，感到心脏在随同锣鼓的节奏、随着千万人的心脏一起跃动。但话出口后就立即感到一丝无可奈何的悲哀，因为作为一个城市人，我几乎不大可能经常做到这一点；更为重要的是，我担心就中国的传统年节而言，农村也将步城市之后尘。

◎ 年节的色彩：变化与多元

近 10 年以来，每到岁末岁首，关于年节的话题总是不绝于耳。究其原因，首先是国人生活水平提高之后，对年节如何度过十分重视，于是探讨"年味儿"为何不再浓厚；其次是在产生对传统文化特别是传统民间文化缺失的失落情绪的同时，发现圣诞节、情人节、万圣节等西方节日开始在中国流行，背后又有文化冲突碰撞这类问题。从 2004 年到 2005 年，讨论年节与假日的话题又流行起来，则是希望把年节制度化的一种体现。我因多年前在《三联生活周刊》上的同类话题中已谈到这个看法，几年前又为将清明、端午、中秋和重阳列入法定假日而给国务院专门致信，并在《光明日报》上发表文章，话似说尽，所以今年也就不愿老调重弹。

讨论年节艺术，无法脱离对年节的讨论。"皮之不存，毛将焉附"？没有了年节，自然也就没有了年节艺术；但艺术又构成了年节的重要内容，没有了艺术，年节的衰亡大概也迫在眉睫。从目前的情况看，担心年节消亡或者年味儿日减的人——包括我自己——或许可以把心放回肚里。一方面，现代社会里最有活力、发挥最大作用的商人怎可放过如此大好的商机，他们既希望年节频繁，又希望年节放假，他们应该成为那些呼吁年节放假的学者和政府有关部门的最大赞助商。另一方面，过去感觉不断受到漠视的传统年节因子似乎并未完全遗失，比如说现在生活好了，不太会因为过年过节可以吃好的、穿新的而雀跃，但现在我们还是可以看到年节时餐厅爆满、人们换上新衣服，甚至还多了美容、美发店，多了歌厅、舞厅。人们并不见得一定要吃什么，而是要那个气氛；况且人的口味也是十年河东、十年河西，去年腊八买粥的人多了，明年也许春饼什么的也会热销。

从这里，我们或许可以得到一点新的启示。以往我们讨论比较多的是传统年节文化如何保持的问题，如今我们其实更应讨论年节文化如何更新、如何多样化。近日看到一则消息，说的是美国纽约州通过一项法律，将中国的农历新年列为该州的法定假日。报导者的用意主要是想说明中国在世界上的影响日益增大，或者是华侨、华人在美国的贡献得到当地主流群体的认可，这当然也并不错，但我在这里看到的却是美国多元文化的包容性以及年节传统的更新、变化。

其实，当我们今天讨论年节与法定假日的问题时，仅仅考虑汉族的传统年节是很不够的。我们自我反思一下，多年来我们津津乐道于讨论春节、中秋节，甚至二十四节气，却很少注意我们少数民族的年节，更少思考世界性年节的问题。至少在民族自治地方，当地民族的主要的、代表性的传统年节应该成为当地各族人民的法定假日，甚至有一些可以成为全国性的法定假日，这样的年节该是多么丰富多彩！对于人们相互间的了解、沟通和感情的交流是多么有益的事情！对于建设所谓"和谐社会"将会起多么大的作用！

从其产生开始，年节便与色彩无法分开。大自然的色彩是斑斓的，年节也应该是丰富多样的。既然年节的功能是休闲、是娱乐，那么它就应该给人们提供不同寻常的听觉和视觉的享受。符合各个年节文化传统的独特听觉和视觉感受的创造者，就是年节艺术。

今年在媒体上争论对烟花爆竹是解禁还是继续禁放的人少多了。无论如何，之所以人们对烟花爆竹念念不忘，就是因为它给人以独特的视觉和听觉感受，那此起彼伏升腾在夜空中的五颜六色的图案，伴随着不同的声响，构成一幅美丽的画面。这些年春节晚会成为除夕的一道大餐，也是由于它给人们提供了独特的视觉和听觉感受，体现了春节的色彩。以往到处是大红灯笼、红色的春联、红色的窗花和剪纸、门神、年画，这就是春节的色彩。年节艺术，无论它今天包括音乐、美术、电影、舞蹈、戏曲，还是什么别的，它都必须是五彩斑斓的，都必须表现着喜庆、欢乐、吉祥。它也因此而不断充满变化，永远不可能是单色调的、单一主题的，而必须是多元的。

我在香港既过过圣诞节，也过过春节，有两件事给我留下较深的印象。一是那里的购物中心（shopping mall），一般都在中心广场的位置搭建一个符合节日气氛的艺术造型。圣诞节的时候一般都有一连串红色、白色或彩色的气球贯穿几层楼的空间，在下面的造型台上或许造一个圣诞马车；春节的时候往往搭建一座临时的中国式园林或庭院，修竹几丛，梅树几枝。许多购物的人都专门在这里合影留念。二是那里的地铁站。为了安全的缘故，香港地铁的站台往往都有玻璃护门，列车车厢门与外层护门同时启闭。春节时每个站台的每扇护门都贴有春联，内容典雅，书法遒劲，色彩喜庆，同时产生三重功效，气氛便与平时完全不同。节日的色彩是无处不在的，就像生活是无处不在的一样；年节艺术也就与一般的精英艺术大异其趣，是大众的艺术、"媚俗"的艺术、狂欢的艺术，成了节日生活的一部分。

年节既然是大众的，它就必然需要公共空间。就像西方教堂前的广场和狂欢游行的大街一样，中国以往的寺庙之前、殿宇与戏台之间，也是这样的公共空间，由此向街巷辐射蔓延。所以年节艺术在很大程度上是广场艺术，无论是静止的造型，如花坛等；还是动态的展演，像各种社火、花车、巡游，甚至是音乐会，都是广场艺术。因此我们的城市规划、社区建设，甚至是商场、剧院、体育馆这样的场所，都必须考虑到这个公共空间的问题，它们是年节艺术的展陈之所，它们是通过色彩营造年节氛围的场所。由于有了这样的场所，艺术的展演者与观赏者就可以处在互动之中，二者的角色就可以是互相置换的。于是，置身其中的每一个人都成了艺术家。

年节既然是大众的，年节艺术就不必拘泥于形式，它就可以是多元的、多样化的。它既可以表现为秧歌、社火，也可以表现为西洋歌剧和交响乐；它既可以表现为灯笼、春联，也可以表现为盆景和城市雕塑。同样，它既可以表现为糖人和糖葫芦，也可以表现为红彤彤的水煮鱼；它既可以体现浓郁的区域特色，也可以东西荟萃、南北交融。

无论年节还是年节艺术，都需要更新、需要变化。年节是旧时段的结束，也是新时段的开端，它本身就代表着更新、代表着变化，"总把新桃换旧符"。无论做何评价，春节晚会已成为新的年节艺术形式，走进千家万户，跨越空间，把人们联结在一起；电话拜年、手机短信和电子贺卡已成为人们认可的新年俗，因为它们符合、甚至便于过年亲情交流的需求，又符合年节的本质特征。传统的全家团聚、守岁、压岁钱、吃饺子与此并行不悖，和谐地融合在一起。文化传统的本质特征是不变的，但手段、形式甚至内容则是不断在变的。

如果把年节仅仅理解为老传统的同义语，显然是狭隘的；如果年节艺术仅仅表现为年画、窗花、兔儿爷，也是不够的。在今天这样的文化多元的时代，我们的任务应该是不断创新，产生出更具时代特征、更具视觉和听觉冲击力的作品，营造更祥和、欢乐的年节气氛。"塞北梅花羌笛吹，淮南桂树小山词。请君莫奏前朝曲，听唱新翻杨柳枝。"唐代刘禹锡的这首诗体现了多民族、跨地域文化互动、求新求变的美好追求。时隔一千多年，我认为它依然可以作为今天我们对待年节、对待年节艺术的正确态度。

（本文原刊于《美术观察》，2005年第3期）

◎ 凝练从田野到文献的传承功夫 ①

　　我其实是来祝贺刘铁梁教授七十寿辰的，不是来讨论学术的，因为我对民俗志这个话题没有过什么思考，没有发言权。现在开个学者的祝寿会，都要打个学术的旗号，好像不这样就不足以凸显这个学者的学术地位，当然也是为了避免被说这是学术腐败，但一不小心就搞得道貌岸然。

　　就是单纯地祝贺刘铁梁教授七十寿辰不可以吗？这一代人能活到这个份上都是不容易的。铁梁教授讲他小时候本来叫"光复"，就是日本人投降后出生的。小孩子一出生迎接的就是兄弟之间的内战，他老家那里是第一个大战场，然后

---

① 本文为在"'民俗志的探索：使命、方法与实践'学术研讨会暨刘铁梁教授 70 华诞纪念"会议上的发言。

就是各种政治运动。好不容易到了读大学，没读几天就赶上"文化大革命"，去学生连了。等到研究生毕业，当了大学老师，已经贴边40岁了。容易吗？能够从苦难深重的年代闯荡出来的人，今天还能有许多人济济一堂为他祝寿，都不容易。

所以在我眼里，铁梁教授就是一部民俗志，实实在在的、不是观念形态的民俗志。

铁梁教授是钟老的学生，也是在座许多人的师兄。他对钟老的尊重不是当面的甜言蜜语，更不是身后功利主义的利用。这在特定的学术生态中，也不是一件容易的事。"民俗志"这个概念是钟老为了建设中国的民俗学科体系而提出来的，当然还只是框架性的和模糊的。要想真正实现钟老的设想，就必须把这些框架性的和模糊的概念加以明确、发展和光大。铁梁教授就做了这件事，他通过思考和实践，提出了作为研究方式的民俗志的理念。不管有多少争论，不管他的标志性、统领式今后能不能通行，这种薪尽火传的努力，是对钟老的真正尊重，也恰恰就是民俗志的本质。

不知不觉还是绕回到了这个学术的话题。铁梁教授1998年开始提出民俗志的问题，到2005年他提出"标志性文化统领式民俗志"的概念，以及2006年在北师大召开相关主题的研讨会，于今已然十年。在这十年里，虽有一些年轻学者撰文阐发精义，但对当年会上高丙中教授提出的民俗志与人类学民族志的区别问题，仍没有更具说服力的见解。当时高丙中教授是以观察对象来区分的，即对我群和对他群之别；庄孔韶教授是以观察的空间尺度来区分的，即面与点的区别；吕微研究员认为这些不同都是经验式的，没什么本质区别，民俗志应该是"描述人的纯粹观念世界"。到西村真志叶则干脆回避，认为我们不必对此过多讨论。

民俗志与民族志的区别问题是绕不开的，它本质上是民俗学与人类学的区别问题。至于标志性文化和统领式的问题，是民俗志书写什么和如何书写的问题，因此是第二位的。所以，要讨论这个问题，必须要明确是否在两个独立学科的前提下进行讨论。比如历史学，与人类学是两个独立的学科，二者的方法之别是文献学与田野观察之别，也可以称之为"文野之别"吧。但二者的方法并非不可以为对方所用，这就体现在近年来我们所从事的"历史人类学"上了。某些历史学者可以尝试对文献加以人类学的观察和分析，也可以依据文献对历史上的人类社会和文化进行人类学的思考与解读，基本的方法就是对文献中的人群进行人类学式的田野观察，产生出我所谓的"文献人类学"或"历史民族志"。

这当然没那么简单，因为文献中的人群不是真实的人群，他们已经被文献的制造者改造了，但是这无法避免，历史研究无论如何也摆脱不了这样的特性。这就要求我们去关注文献是如何、为何被制造出来，以帮助我们尽可能把握和理解文献中的人群及其行为。此外，按照后现代语言学的看法，文献本身形成了自身的结构，虽然存在文本与语境之间的关系，但它已经具有了独立性，成为遵循一定规则叙述出来的历史。但这也要求我们去关注文献的制造者如何叙述和为何这样叙述。在这些方面，人类学者或民俗学者在面对讲述者（受访者）的时候也是同样的。

到这个时候，我们依然使用人类学中民族志的概念，并不试图利用中国古代史学中的史志传统来创造一个新的名词。其实，倒是人类学用了中国的史志传统，把 ethnography 翻译成民族志或人种志。但是，借鉴了人类学田野民族志方法之后的历史文献学方法就被更新了。如果说引入田野考古方法的"二重证据法"是历史文献学的 2.0 版，那么"文献人类学"或"历史民族志"就升级到了 3.0 版。它们始终是历史学的方法，因为它们是为回答历史学的问题而存在的。

至此我们可以明白，民族志或民俗志完全是中国语境下的产物。英文 -graphy 这个后缀不一定译为"志"，也时而译为"学"，比如 geography（地理学），cartography（制图学），demography（人口学）等。假如没有把 ethnography 译为民族志，民俗学怎么办？所以，目前的民俗志的用法，从本质上说的确与人类学民族志没有区别。由此逆推回去，从本质上说，民俗学与人类学也没有区别。

这样的答案当然不能令所有民俗学从业者和民俗学会的领导满意。因此，民俗学要努力与人类学划清界限，只有不同，才需要相互学习、相互借鉴。人类学在产生之初，本来是希望了解那些陌生的人群的历史文化，不料发现那里没有文献，只好通过访谈，慢慢地发展出一套独特的方法，即田野方法，便与历史学分道扬镳，渐行渐远。一种对异文化的研究兴趣本来是被动地采用了不同于传统历史学的方法，慢慢转变为主动地探索属于自己的追求和方法的一个学科，人类学的这个历程是值得民俗学反思的。

民俗学者独特的看家本领在哪里？我敢大胆地说，没有几个民俗学者可以理直气壮地迅速给出答案。我很钦佩我们的一些同行孜孜不倦地对民俗学理论进行探索，但我建议要从简单的问题入手，不要搞得太玄虚。这个问题回答好了，民俗学科的定位就清楚了，民俗志怎么做也就明确了。如果看家本领不清楚，培养学生的时候培养他的是什么呢？

对这个问题，历史学者说是文献功夫，人类学者说是田野功夫。民俗学者怎么办呢？在我看来，民俗学者的本领在于"文野之间"，就是在田野与文献之间转换的功夫。费孝通先生讲到中国的"文野之别"，但同样强调它们之间的沟通，所以他写了"论文字下乡"和"再论文字下乡"。文字下乡，不仅给乡下带去外界的文化，同时，也给乡下的文化通过文字记录为外界所知创造了条件。我们以往的民间文学作品，几乎很少不是以文字的形式脱离它的母体的。我们讨论过的"礼俗互动"，也是为了把握文野之间发生关系的机制。

这又不可避免地回到我以前论述过的民俗学的本质特征——传承——上来。以前我们比较多地讨论在"野"的框架内口耳相传的问题，但民间文化的传承真的能完全脱离文字吗？仅靠口耳相传，我们连自己的三代以上的祖先的姓名都记不住。我们过去做的所有所谓民俗志的工作，不管是古代的还是当代的，不管是资料汇编还是解释分析，包括我们现在做的非物质文化遗产保护工作，大都是以文字的形式来进行民间文化的传承的。在当今世界，无论在乡村还是城市，我们已经找不到人类学者当初被迫发明出田野方法的那种无文字社会了。

由于"文字下乡"，中国乡土社会中的民俗传承很难完全摆脱文字，很难纯粹凭借口耳相传，无论是各种仪式活动，还是各种乡规民约。完全没有文字记录的，几代传承之后，难逃湮没不彰的命运。到了现代社会，就更是如此。特别重要的是，当今的民俗传承已经不仅是在一个狭小的封闭社会中代际相传，而是扩展到了全社会、全民族的分享式传承，也就是说，从田野到文献的过程变成了一个从费孝通先生的"各美其美"到"美美与共"的过程。

也只有在这个意义上，民俗志才有了它独特的重要价值。

我曾坚持说，民俗学的独特之处在于它是一门有关传承的学问，它与其他相关学科的不同不在于研究对象是"民"还是"俗"，而在于民俗，在于所谓生活世界的存在方式。我也曾设想，民俗学研究的任务是把握民俗事象的传承机制。现在我试图更明确地说，这一传承机制，或其最重要的传承机制之一，就是它如何从田野到文献，而又由文献回馈田野，周而复始，无穷无尽。田野中生成的文化，不仅由于民众的认可，而且由于文字的传播和相对固化，才具有了标志性和统领性。这样的民俗志所书写的是一个动态的过程，而不是一个凝固的结构，也不是对这样的结构的解释。

这样的民俗学和民俗志实践是有挑战性的，它要求民俗学者往返于文野之间，把握它们的关联；但它又是可操作的，能在实践的层面与人类学明确分工。我希望年轻的民俗学者勇于尝试。

当然，这样的看法肯定是粗鄙而浅陋的，需要面对争论，也未必得到认同，但我仍愿意以这样的方式和这样的观点为铁梁教授七十寿辰贺。

（2016 年 1 月 16 日）

2016 年 5 月在河北调查清代旗地

顾左右言

◎ 我与"华南学派"

　　在许多场合，都有人询问我的研究与华南研究之间有何异同。山西大学研究近代华北社会史的专家行龙教授也曾在私下里问过我，为什么我与中山大学、厦门大学的那些社会经济史学者相距如此遥远，却有着极其紧密的学术联系。

　　在大多数情况下，"华南学派"是学术界的朋友们对研究明清史特别是区域社会史或历史人类学的一批学者及其学术主张的一种称呼。我从未听到过这个学术群体的核心成员自称"华南学派"，也很少听到对他们的研究非常熟悉的国外学者在学术场合这样讲。他们曾用"华南研究"这个词来描述自己的研究，当然，在不同的时期，也经常用"区域社会史"或"历史人类学"等概念来指称同样的研究，因为"华南"只是其学术主张的早期试验场。

我之所以在此仍使用这个概念（尽管打了引号），一是因为年轻朋友以此为题撰写了博士论文，并有相关文章公开发表[①]，我与"华南学派"的关系在这些学术史研究中有着不同的表述；二是因为在本文中，我回顾的主要是与这一群体中人的关系，而把与其学术主张的关系置于次要地位，所以不好用"我与华南研究"这个题目。

　　说到我与"华南学派"的关系，不得不涉及"华南学派"的定义与形成时间。在我看来，无论是顾颉刚、钟敬文、杨成志、容肇祖等人在中山大学办《民俗周刊》那个年代（20世纪20—30年代），还是后来傅衣凌在福建、梁方仲在广东进行研究那个年代（20世纪30—80年代），都是"华南学派"的"史前史"。因为在那个时期，无论他们各自的研究兴趣和特点是什么，前者主要打的是民俗学的旗号，后者则主要贴的是社会经济史的标签，也没有对社会科学史学方法进行反思的背景，当然，更没有形成今天这样的规模。

　　所以，我认为"华南学派"的形成应该在20世纪90年代初，因为1991年，华南研究会成立，其基础是科大卫与中山大学刘志伟、陈春声、罗一星、戴和等合作，在珠江三

---

① 参见王传：《华南学派探渊》，博士学位论文，华东师范大学，2012；代洪亮：《复兴与发展：学术视野中的中国社会史研究（1980—2010）》，博士学位论文，山东大学，2011；代洪亮：《中国社会史研究的分化与整合：以学派为中心》，载《清华大学学报（哲学社会科学版）》，2015（3）；等等。

角洲地区开展田野调查的"珠江三角洲传统乡村社会文化历史调查计划"。同年，时任教于香港中文大学人类学系的陈其南主持的"华南传统中国社会文化形态研究计划"（简称"华南计划"）启动，这个计划的目标在于"结合人类学的田野研究和历史学的地方文献分析，针对华南几个代表性的地区社会，分别从事几个主要社会文化层面的深入考察，尝试透过当代社会科学的研究方法对中国传统社会的特质提出一些属于本土性的观点"[①]。此时，"华南学派"的基本理念开始成形，日后的中坚人物开始密切合作。到 1995 年，

我和科大卫在五台山

科大卫在牛津大学召开"闽粤地区国家与地方社会比较研究讨论会"，可以视为"华南学派"的正式形成，这个群体的学者开始对自己所从事的工作有了"文化自觉"。

我与"华南学派"的关系首先是从个人往来开始的，与学术主张无关。1987 年，我首

---

① 刘志伟：《〈华南研究计划〉追记（代序）》，见游子安、卜永坚编：《问俗观风：香港及华南历史与文化》，香港，华南研究会，2009。

先认识了厦门大学的陈支平。那年国家教委开始设立社会科学基金青年项目，每个项目经费七八千元。教委非常重视，专门把申请人召到北大勺园住下，当面答辩。记得一起参加答辩的还有周积明、张其凡、汤开建等（但愿我没记错），而答辩专家有田余庆、李洵、朱雷、瞿林东等前辈学者。支平当时报的题目就是近500年来福建的宗族那个题目，后来成书后由上海三联书店出版。支平是很容易交朋友的，后来就慢慢有了较多的联系。1995年在北京召开中国史学会第五届理事会，就是在张自忠路的中纪委招待所（现在叫和敬府宾馆）支平的房间里，我和陈春声互对身份证，发现是同年同月同日生的。当然，那时我们只是作为年轻的特邀代表，做主报告的是刘大年、齐世荣先生，葛剑雄可能都算当时年轻的理事。

1987年对我是很重要的一年，那年我拿到硕士学位，并首次参加了在哈尔滨举行的明史年会，算是迈进了明史的圈子。承办会议的刘秀生恰好也是傅衣凌的弟子，与李伯重、陈支平、郑振满都是师兄弟。由此我才能参加1989年在太原召开的明史年会，但当时无论如何也想不到，日后会在山西研究方面与当时承办会议的张正明有那么多的来往。

1989年8月，紧张的气氛尚未消散，但对会议和学术交流并没有造成十分明显的影响。正是在这次会上，我首次认识了科大卫。对于我们之间当时是否有过学术性的对话，

我与陈支平（左）、刘秀生（右）在哈尔滨合影

已经完全记不得了，相信应该有吧？但应该没有谈到在山西做田野或者看碑这类话题。不过，会后我们一起到五台山考察，也一起合了影，由此开始了延续至今的友谊。当然我们两人也都不会想到，多年之后，我的硕士生韩朝建做了科大卫的博士生，博士论文写的就是五台山。

1991年，中国史学会、国家教委社科中心、陕西社科联在西安召开首届全国青年史学工作者学术会议。会议的秘书组是由人民大学的王汝丰老师、近代史所的庄建平老师带着人民大学的华立、徐兆仁，北京大学的高毅，三联书店的

我与科大卫、五台山的喇嘛的合影

潘振平和我组成的。与会代表的名额是先由中国史学会分配到省，再由各省史学会根据名额选拔出来的，一般每省的名额不超过 3 个，北京、上海这样的高校及科研院所较多的地方名额多一点。会议代表平均年龄 33 岁，最小的 25 岁。我们几位虽然是秘书组的，但都是正式代表，都交了论文。陈春声是广东省的代表，与我们同龄的与会代表还有彭卫、辛德勇等。到五年后在安徽大学召开第二届全国青年史学工作者学术会议的时候，我和陈春声都只能以特邀代表的身份出席了。

154

由于会议的性质，大家讨论的基本上都是理论与方法问题。比如陈春声的论文讨论的是中国古代数据的可信度问题，而我提交的论文是《论历史学家的直觉》，与日后所做的区域社会史研究都没有什么关系。但正因为有了这样的契机，我们才能相识，而且巧合的是，我们当年都申请了美国的美中文化交流委员会（简称 CSCPRC，当时该委员会的主席是魏斐德）的项目资助。当时我翻开委员会出版的通讯，发现我们两个的名字赫然在目，只是在 1992—1993 年，他去了阳光明媚的加州大学洛杉矶分校，而我去了冰天雪地的明尼苏达大学。

我们这些人的相知基本上与我们后来共享的研究路径无关，但却应该有对相互之间学术立场的基本判断。我和刘志伟见面较晚，已经记不清确切的时间，大概要到 20 世纪 90 年代后期了吧。我当时不会想到——如想到自然也会觉得正常——本着学者良知的做法，为我日后获得朋友的接纳奠定了基础。

显示出共同的学术立场，或者受到了同行的关注，应该是在 1994 年 8 月于西北大学举办的第五届中国社会史年会上。科大卫、郑振满、陈春声、梁洪生、邵鸿和我都参加了那次会议，刘志伟提交了那篇著名的关于"姑嫂坟"的论文，但因当时他在牛津大学访问，未能与会。虽然此前陈春声等也参加过在沈阳举办的社会史年会，但在这次会上，社会史同行们才开始发现存在一个"田野派"，并围绕社会史的田野方法展开了热烈的讨论。可以说，如果说有个"华南学派"的话，"田野派"就是这个说法的雏形。

在这次会上，我认识了郑振满，他那篇关于莆田江口镇平原神庙祭典与社区历史的文章给了我很大的震撼。后来我去莆田看东岳观、木兰陂，听他讲乌、白旗的械斗等事件时，脑子里都是这篇文章，说实在的，比他关于福建宗族的那部著作给我的印象要深得多。不过，在那次会上，我还只是这个"田野派"的拥趸而已，因为我的文章还基本上没用过民间文献，对在田野中如何理解民间文献也基本上是门外汉。但这次会议使我与"华南学派"的朋友们变得更熟悉，并从此变成了"一伙人"。

这次会后，我麻烦葛承雍帮忙租了辆车，与科大卫、陈春声一起跑去了三原的城隍庙和耀县的药王山。那个时候，我们都还不知道，此次会议开始的8月2日，是我和陈春声共同的35岁生日。随后的9月，我开始跟随钟敬文先生攻读民俗学的博士学位。

1995年，便是前面提到的在牛津大学召开的那次重要会议。同年8月，陈春声、郑振满和我又参加了在北戴河举办的海峡两岸社会史会议，在从北京到北戴河的火车上谈了很久。由此可知，20世纪90年代上半叶对于"华南学派"

海峡两岸"传统社会与当代中国社会史"学术研讨会代表合影

以及我与这个"学派"的关系是多么的重要。

　　此后数年，我与"华南学派"的联系渐多，也是开始学习和理解"华南研究"的起步阶段。1997 年 4 月，当时在牛津大学任教的科大卫邀请我参加在那里举办的"中国城乡：认同与感知"学术会议，在那里认识了科大卫的学生——当时在利兹大学任教的沈艾娣（Henrietta Harrison）——和刚去西雷瑟福大学任教的柯丽莎（Elisabeth Köll），也第一次见到了耶鲁大学的人类学教授萧凤霞（Helen Siu）。记得那时，现在香港中文大学任教的卜永坚还没有博士毕业。日后回想起来，那时的研究的确鄙陋，上不得台面，因此也无法真正与相关学者交流。所以，尽管彼时与这些或长或幼的学者谋得一面，但他们当时对我肯定是没有留下什么印象的。

同年 7 月，我在职攻读民俗学博士学位的旅程结束，博士论文后来以《眼光向下的革命——中国现代民俗学思想史论（1918 ~ 1937）》为题，由北师大出版社出版。由于学科的关系，我不仅认识了民俗学科的刘铁梁、叶涛，认识了由民俗学转入人类学、社会学的郭于华、高丙中，也由此结识了马戎、周星、王铭铭、麻国庆等一批人类学者，开始接触到人类学的许多重要作品。在另一方面，我有机会和他们、和民俗学科的学长学弟们一起去河北赵县范庄、井陉于家村和山西定襄等地进行田野调查（尽管是浮光掠影式的，但于我也是新奇的体验）。这种思想的升华和实践经验使我日后对"华南研究"的理解和学习甚至对话有了可能。所以，尽管我不是一个好学生，但必须感激钟敬文师和民俗学科给我这样的机会。

虽然 1992 年我在《历史研究》上发表了《明清时期华北庙会研究》，1996 年又在《中国社会科学》上发表了《论中国传统庙会中的狂欢精神》，但研究路数显然与"华南学派"不同。不过，我非常愿意把他们的研究介绍给全国，特别是北京的学术界。1996 年，我在《民俗研究》上发表了《田野工作与文献工作：民间文化史研究的一点体验》一文，介绍了陈春声、刘志伟、郑振满等人的研究。他们到北京来出差公干的时候，都会来到北师大附近聚一聚。从那时开始，我便被封为他们"驻京办事处"的"主任"。

1999年，我应陈学霖教授之邀，首次访问了香港中文大学历史系。这个时候，科大卫应该还在牛津大学。不过，也正是在那一次，我受蔡志祥的邀请，顺访了香港科技大学华南研究中心，并做了报告，题目似乎是蔡志祥建议的，大概的意思是从中国史看华南研究之类的，回想起来，讲得肯定是云里雾里。

对于我来说，"明白事理"还是很缓慢的。1998年，我因博士毕业，可以开始指导硕士生。跟随我读书的杜正贞和张宏艳都是非常聪明的人，可惜我那时自己还懵懵懂懂，"以其昏昏，使人昭昭"，既没有帮她们打好传统史学的基础，也没有让她们去做田野、发掘民间文献，至今回想起来，仍觉内疚不已。唯一可以聊以自慰的，是与张宏艳合作撰写的《黑山会的故事：明清宦官政治与民间社会》一文，发表在《历史研究》上；与杜正贞合作发表了《太阳生日：东南沿海地区对崇祯之死的历史记忆》一文〔初刊于《北京师范大学学报（社会科学版）》，后收于司徒琳主编之论文集〕，并把她送去了香港中文大学，学习更为扎实的学问。

这些事情无非是说明，在20世纪90年代的后半叶，我只是与"华南学派"的某些人成了朋友而已，与他们的学术主张可能还只能说是"貌合神离"。直到十余年前，我曾在某次田野过程中对郑振满说："我现在开始有点明白了！"

进入 21 世纪，我与"华南学派"的关系进入了第三个、也是崭新的阶段。2001 年，中山大学历史人类学中心成立；同年，萧凤霞也在香港大学建立了人文社会研究所。这些学术机构的建立必然导致一些研究计划的开展，也加速了我与"华南学派"的密切合作。同年 12 月，科大卫、杨国桢、陈春声、刘志伟、郑振满、梁洪生、范金民、曹树基和我，

前排左起：曹大为、郑振满、商传和赵世瑜
后排左起：杜正贞、张宏艳

以及若干研究生，从广东湛江一路行至广西北海及中越边境的京族三岛，其间所见所闻所议，已见诸张小也所撰《人文学者的工作坊》一文①，不赘述。

郑振满在向时为《光明日报》史学版编辑、现深圳大学历史系主任的张小也讲碑

好像就是利用这次机会，张小也抓住科大卫、郑振满和我，做了一次关于碑刻资料的访谈。那个时候，科大卫已经有了在香港搜集碑刻资料的经验，而郑振满和丁荷生已经在将他们搜集的碑刻编辑成《福建宗教碑铭汇编》，而我也开始搜集、抄录北京的东岳庙及其他碧霞元君信仰的碑刻。访谈于2002年1月刊登于《光明日报》②，大约因此成为朋友们戏称我们的研究方法是"进村找庙，进庙读碑"的由头之一。

2002年，我们一起参与和筹划了一些很重要的事。那年3月，在做清水江研究的张应强的带领下，我第一次到了

①　张小也：《人文学者的工作坊》，载《中华读书报》，2002-05-22。
②　张小也：《碑刻——正在消失的历史档案》，载《光明日报》，2002-01-24。

与锦屏县文斗寨的苗族妇女合影

《隆里所志》书影

黔东南苗族侗族自治州的锦屏县。那时交通不便，我们从桂林乘车出发，在山路上颠簸了约 10 小时，才到达目的地。从县城乘船沿江而下，登岸后接着翻山，到了苗寨住下，便已天黑了。那是我第一次住在干栏式的木屋里，也第一次在各家各户见到日后大放异彩的"清水江文书"，结识了像锦屏方志办王宗勋这样的朋友，感受到了苗族同胞的热情款待，也引发了我对清代西南边疆开发程度的浓厚兴趣。后来我在"社会史研究导论"课上每次都会提到这个例子。这是可以通过具体的区域历史勾连许多重大历史问题的范例。

这年8月，我到上海参加了第九届中国社会史年会。记得在会上，梁洪生介绍了他参与华南研究田野调查的经验体会，森正夫先生、王家范先生也就此话题做了报告。我则针对一些误解，解释了"华南学派"的区域研究之目的，实则是为了重写中国史。记得滨下武志先生接着我发言，进一步发挥说不仅是为重写中国史，还是为重写东亚史、重写世界史。

12月初，《历史研究》编辑部与香港中文大学历史系在香港联合召开了一次关于"新世纪中国史学"的会议，记得与会者有葛剑雄、商传、于沛、陈争平、虞和平、谢维扬、梁其姿、彭卫、汪朝光、黄宽重、梁元生、苏基朗、王子今、陈永发、马敏、陈红民、张国刚、金观涛、刘青峰、郭少堂、杨奎松、吴景平、刘志伟、陈春声、郑振满、王和、宋超、徐思彦等人。此会主题虽与"华南学派"无关，但前期的筹划却是由陈春声、刘志伟、徐思彦、王和与我共同参与的。在此次会议筹划过程中，《历史研究》主编张亦工兄极为支持，但却在会前查出身患癌症，于半年后便英年早逝了。也就是在这一阶段，《历史研究》杂志在将"华南研究"的影

王宗勋、赵世瑜、张应强、陈春声、刘志伟在锦屏文斗

与郑振满、刘志伟、陈春声在香港太平山合影

响推向全国方面扮演了重要角色。

香港那次会后，我们这伙人跑去了海南岛。八年后，贺喜在她的著作的后记中回顾这次海南之行，感叹光阴似箭，如白驹过隙。但对我来说，那时发生的一些事仿佛就在昨天。就其深远影响来说，我印象最为深刻的不是去了许多冼夫人庙、五公祠、丘浚祠堂和海瑞庙，也不是在五指山区跋涉时大家纷纷扎紧裤脚以防山蚂蟥的叮咬，而是晚上在房间里的讨论。那个时候，虽然可能讨论声震耳欲聋，但滨下老师却可以在一听啤酒下肚之后坐在椅子上安然入睡。就是在这样的场合，因缘巧合，我主动承应了在北京举办第一期历史人类学高级研修班。这个连续举办了 13 期才告一段落的研修班，不仅是许多人将我视为"华南学派"代表性成员的重要因素，也是日后"田野工作坊"这种形式在中国逐渐流行的开端。

2003 年暑假中，首期历史人类学高级研修班在北师大举办。这个班的经费是由萧凤霞的香港大学人文社会研究所提供的，包括教师和学员的食宿、旅行费用。还有部分费用给学员回去后完善自己的研究报告。研修班举行 10 天，前 5 天在北师大授课，学员主要是各地的年轻学者，授课者包括人类学者萧凤霞、庄孔韶，社会学者孙立平，历史学者科大卫、蔡志祥、陈春声、刘志伟、郑振满等。后 5 天到河北

会后海南岛合影

前排左起：张应强、温春来、韦锦新、黎丽明、陈春声、程美宝、刘志伟、
芹泽知广

后排左起：赵世瑜、周正庆、滨下武志、贺喜、黄国信、科大卫、蔡志祥、黄
永豪、刘国亮、卜永坚

蔚县考察，形式是白天全天做田野，晚上 19：30—22：30 各组汇报和自由讨论。整个日程很满，也很辛苦。南方来的人水土不服，比如温春来严重腹泻，不得不半夜去医院看急诊。

当时的蔚县还没有成为华北的旅游热点，著名的剪纸也还不是"非物质文化遗产"，条件好点的宾馆似乎只有一家。

不过令我们惊讶的，除了壮观的北城楼上的玉皇阁外，还有乡间那一座座格局基本保存完好的明清时期的堡城，堡城内的庙宇及其中的壁画、皮影戏台和清代的题壁。记得学员们冒着酷暑，一起把以前埋入地下的几块巨大的石碑拖出地面；记得卜永坚背来厚厚的几册《蔚州志》，边走边读，回香港后就迅速写文章刊出；也记得我们考察风景秀丽的飞狐道以及"空中草原"时，要求严格的科大卫认为有"旅游"之嫌，愤而将笔记本电脑摔在地上，吓得陈春声边说"不干我事"边躲得远远……总之都成为多年后茶余饭后的谈资。

第二、三、四期历史人类学高级研修班都是由我负责的，授课都是在北师大，田野点分别安排在临汾、济源和晋城。为了稳妥起见，我们一般都会先去踩点。比如2004年春天，我和陈春声、刘志伟、郑振满先随田宓（时为中山大学的博士生）去了内蒙古的土默特左旗档案馆（现为土默特左

首届历史人类学高级研修班在蔚县考察场景

首期历史人类学高级研修班合影

旗档案局），然后又去了洪洞等地。可能是由于过于疲劳，2006年在晋城期间，我在府城村关帝庙里突发急病，住进了当地的医院。所以随后的第五、六、七期高研班，便都由中山大学接手承办。我也是间隔了两期，到第七期时才跟随去了江西万载。第八期在陕西韩城举办时，又由我来负责。故此，谢湜戏称我为第一、二、三、四、八期"校长"。

我之所以认为2002年年底的海南之行十分重要，就在于当时决定了开办这个高级研修班。连续13期的这个班，参与学习的学员总计达数百人，有不少已经是教授、博导，分布在全国各地甚至海外的高校和科研院所，成为各自的领域中的青年翘楚。无论他们是否继续从事历史人类学的研究，历史人类学的理念与方法必然对他们产生影响，并借他们得

168

以传承和发扬。因此，我坚信在当代中国学术史上，会有这个班的一席之地。在整个过程中，萧凤霞在办班经费上的支持、科大卫全心全意的参与和中山大学、厦门大学诸友的核心作用，当然还有我的历届学生们的辛苦，都扮演了不可或缺的角色。

对我个人来说，早在20世纪90年代初，"华南学派"诸兄就在珠江三角洲、潮州和莆田等地开展过类似的活动，虽然并非是对年轻人的培训，但他们的田野经验要丰富得多，无论是在现场解读民间文献的能力，还是发现问题的能力，都远超于我。郑振满读碑的时候，身边总是围着许多年轻人听他讲自己的见解，所以被誉为"碑神"。科大卫自发表了《告别华南研究》的宣言之后，他的眼光自然不会限于珠江三角洲，他对整个中国的不同地区都怀有极深的兴趣。以我熟悉的山西来说，他就写过关于长治、夏县司马光家族和代县鹿蹄涧杨氏家族的故事，在每次高研班的10天里，我们边走边看边讨论的过程让我受益匪浅。

当然，类似的过程不仅发生在我们自己办的高级研修班。由于我们的做法效果比较好，时任台湾历史博物馆馆长的吴密察联合成功大学也举办了两期类似的田野研习营，邀请了科大卫、陈春声、刘志伟、郑振满和我去授课，并以台南府城为田野点。后来"中研院"的李孝悌和王鸿泰在金门也举办了数次田野研习营，也是邀请我们授课加随同田野，与我们的模式相同。对于我来说，虽然不能像郑振满、陈春声他们那样将在地的经验与自己的研究结合起来，但也促使我思考了许多以前从未思考过的问题。

我必须庆幸前几年一时兴起写过几篇博客文章，记录了我参加这些活动时的点滴收获，因这些文字已见于本书，故即略去。

除了因办班而跑田野之外，我们也跟着学生们的论文选题跑田野。比如2004年，我们到了湘西的凤凰、永顺；2005年，我们到了晋东南的晋城、阳城、高平和晋南的闻喜、夏县，以及雁门关和代县云南大理，还有浙江温州；2006年，我们跑了灵渠沿线、大藤峡和金田村；2007年，去了河南博爱……无论是谁的学生，在多数情况下，我们几个人都是一起跑的。因此不仅学生获得锻炼、得到老师们的指教，就是我也获得了不同地方的"地方性知识"，对中国历史产生了许多新的想法。

我甚至在2012年抓了刘志伟的"壮丁"，请他带我去跑他当年做田野的珠江三角洲村落，比如著名的沙湾，不只从文章中了解，也亲身体验他所描述的沙田区与民田区的土地利用模式、市场中心、聚落形态、祠堂和庙宇。我认为，如果不是这样，仅仅靠读文章，是不能准确理解他的结论乃至研究理念和方法的。

说实在的，如果没有这20多年与"华南学派"的密切

在广西与广西师大范玉春教授及时为中山大学博士生的陈贤波一起读碑

往来，固然不能说我只能闭门造车，或者只是在山西兜圈子，但肯定不会对香港、台湾、珠三角、潮汕、莆田、黔东南、西江流域、温州，甚至江南等地区有那么多了解，更不用说新加坡和马来西亚的华人社会了。这些经历使我坚信我们的尝试是有益的：不只是在故纸堆中理解历史，而且是在人的生活世界中理解历史；不是在一个画地为牢的时间（如王朝）和空间（如国家）中理解历史，而是在能够说明其意义的时空范围内理解历史，并寻找其与其他时空范围的联系；不是专注于颠覆（比如在国家—社会、中心—边缘等问题上的争论），而是专注于常态。

当我回答我与"华南学派"的关系这类问题时，我的表述是，我与"华南学派"共享某种学术理念和方法论平台。当然，这并不妨碍我们对某些历史问题有不同的理解，也不妨碍我们具有各自侧重的研究风格和叙事方式。在这20多年里，我也目睹了我们每个人身上的变化，直率的批评和用心的善意使我们逐渐接受了原来可能不太认可的东西。但是，界定目前的历史学界究竟谁属于这个"学派"比较困难，我们这些人也从没有考虑过发表一个类似顾颉刚《民俗周刊》发刊词那样的"共同宣言"。我更珍惜的是我和几位老朋友之间几十年的友谊，这比是否属于同一个"学派"更重要。

科大卫，香港中文大学历史系讲座教授，一个很难被骗到的人，但别人不小心会被他"骗"到。他会因听到浅薄的言论却不便反驳而憋得满面通红，嘴唇哆嗦，但也会经常露出狡黠的笑容。

陈春声，中山大学历史系教授，一个很难受别人意见左右的人，做事绝不拖泥带水，讲话总是有个性的。一般以为他比较欠缺生活情趣，但听过他在悠闲漫步中哼唱小调的人，会略略窥见他隐藏的内心。

刘志伟，中山大学历史系教授，一个可以用《纪念白求恩》里的话来表扬的人，热爱生活，有一点生活情调，这可以从他喜欢美食和点菜看出。虽然他的父母都不是广东人，但他却像是个浸染了300年广州文化的广州人。

郑振满，厦门大学历史系教授，一个在生活上不拘小节的人，他手里总是拿着茶杯，说明了他的某种严谨。他是个很好的教师，这不仅是因为他对学生总是能诲人不倦，而且是因为大家公认他讲话的录音整理比他的文章漂亮。

对其他或年长、或年轻的圈子里的朋友，恕我不在此一一点评。而我本人则乏善可陈，想到的只是我一贯的简单、粗暴、妄言对朋友和学生们的得罪，许多年来，一直心存愧疚。

（2015 年 8 月于北京）

2014 年在蔚县玉皇阁下

◎ 区域社会史视角下的运河研究

　　由于大运河在中国历史上的重要性，历来受到历史学者的重视，也产生了丰硕的成果，其中尤其体现在对漕运、治河的关注上。近年来对于沿运河的城镇发展、商业贸易、商人活动也多有探索，其他相关研究亦复不少。

　　区域社会史研究是以某一特定区域为空间范围的。在该空间范围内，在特定的自然环境基础上，具有相对一致的发展脉络和社会——文化特征，故此可以作为某种分析单元。运河是一条线，在一般意义上说，运河上也没有定居的居民，因此与上述区域不同。甚至，它与天然河流也不完全相同，因为它不像天然河流那样存在众多支流，从而形成大大小小的流域，这些流域就构成了一个个上述的区域及区域社会。

微山湖畔

那么，区域社会史的视角是否适用于运河研究呢？

我们显然不能不假思索地认为，通过将传世文献、民间文献、口述传统等结合起来，对运河沿岸地区的社会历史加以研究，就是运河的区域社会史研究了，因为它们完全可以被纳入某一与运河不直接相关的特定区域。以聊城为例，我们既可以把聊城放到东昌府这个区域内进行研究，也可以放到鲁西北这个区域内研究，甚至放到冀鲁豫三省交界区域内加以考量。这不只是一个尺度问题，而是要看这个区域社会的结构过程与运河是具有更大的相关性，还是具有其他结构要素。

运河可以构成区域吗？回答这个问题一定要小心。我的答案是，第一，在区域社会史看来，从北京到杭州这条大运河不是一个可以作为研究单位的区域。过去我们常说大运河连接了五条水系，连接了五条水系的一个区域差不多就是半个中国了，那就和我们以前的研究角度是一样的。这当然不是不可以，在别的研究领域或角度看，运河整体研究也是可以的，但那是研究主题，不是区域。第二，运河的区域是多个，不是一个。具体如何确定，要看这些区域与运河的关系。比如北京通州的张家湾，就是和运河息息相关的区域，研究这个地方的社会史离不开运河。临清、济宁也是这样，但周围的乡村是不是这样就需要深入考察。扬州就很难说了，扬州的历史当然有运河的因素，但这个因素不一定是扬州区域史中最重要的和唯一的因素。第三，漕运可以说是明清运河历史上最重要的内容，但漕运并不一定只与运河沿线的人有关，且不论漕粮来自南方许多地方，就是明清时期的漕军也可以是江西、湖南、湖北、安徽的，这些人及其屯田、漕船构成当地区域社会史中的重要部分；同时，没有他们，也就没有漕运。对他们的区域社会史研究也应该纳入我们的视野中来。

总之，从区域社会史的视角看，并非所有运河沿线地方的历史都是区域社会史视角下的运河研究，也并非不在运河

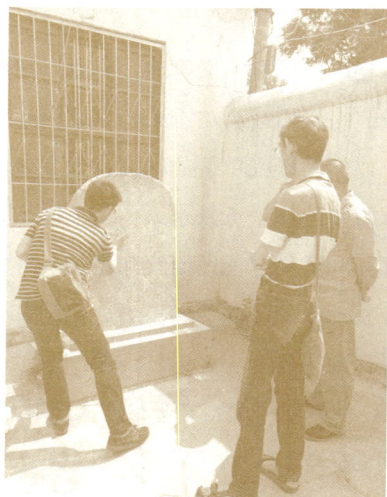

山东济宁俞屯村的临清卫左所屯社碑

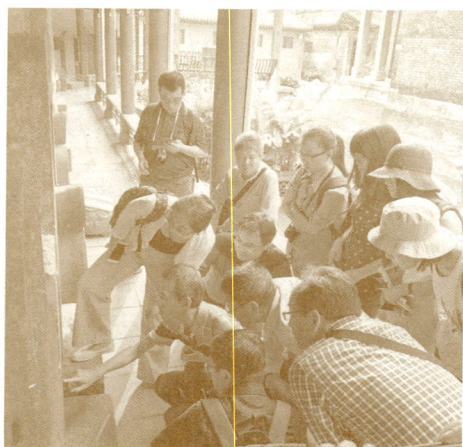

在山东济宁任城区读碑

沿线地方的历史都不是区域社会史视角下的运河研究。这就是我主张的区域社会史不是地方史，而是一种方法或视角的意思。

"运河与区域社会研究"这个主题很好，因为它是开放性的，并未局限于运河沿线的区域社会，这就使研究的格局扩大了。只要是与运河有关，哪里的区域社会都可以也应该关注。这种做法也会继续丰富我们对区域社会特征的认识。比如，大运河流经北京、天津以外的五个省份，但似乎对山东特别重要，好几个城市是随运河的兴衰而兴衰的。但河北、河南、江苏、浙江很少这种情况，我们很少想到运河河北段有什么大码头，德州、沧州等都是运河沿岸城市，而运河的影响并不能决定它们的兴衰，因为陆路也很便利。江苏北部除扬州以外就是淮安了，但黄河和淮河本来就在那里。到长江以南，天然水道就更多了，运河很难成为哪个地方的命脉。①

众所周知，运河的开凿基本上是国家的政治行为，漕运、治河之类也基本上是国家的政治行为，因此地方对此是被动的。但既然被涉及了，各个地方就会基本上秉持着趋利避害

---

① 这个特点多年前就被杨正泰注意到了。参见杨正泰：《明清时期长江以北运河城镇的特点与变迁》，见复旦大学中国历史地理研究所编：《历史地理研究》第 1 辑，104～129 页，上海，复旦大学出版社，1986。

的原则来面对它。不知道是否可以这样说，山东是因运河而获利最大的地方？如果是，为什么？我们知道元以前中原王朝的都城大多在长安，到宋变成汴京，所以大运河开凿之后，通济渠是从安徽到河南再向西的，这样就把山东绕过去了。元朝迁都北京后，需要重新疏浚运河进行漕运，最大的受益者是北京，其次恐怕就是山东了，特别是山东的西部，即鲁地。我们需要考察元明清时期鲁地是否有过较大的发展，是否因此获利。如果是，我们就可能需要重新审视和理解山东与朝廷的关系等一系列问题。

同样的原因，虽然运河是国家行为的结果，但在大部分时间里，经由运河的物流、人流，甚至资金流，主要是从南到北的。不知道是否可以这样说，在某种意义上，北方主要是受益方，南方主要是受损方（从永嘉南渡到靖康之变的人流和物流主要是从北到南，这在元代以后发生了大转折）。这当然不是绝对的，比如南方籍士绅到都城去做官，对原籍地区的开发和发展也是有很大好处的。如果是这样的话，当我们讨论运河与中国社会这样的问题时，其实需要特别注意运河与中国南方的关系问题，而不是仅仅专注于北方、包括运河沿线。我觉得明代民间教门发源于北直隶，但在运河漕军一线传播的这支最后是在江浙建立了它的大本营，就很说明问题。

最后，也是由于运河是国家行为的结果，所以尽管我们是从区域社会的角度去重新审视运河的历史与文化，尽管从国家的角度研究运河是我们以往常见的视角，成果也不少，但还是不能脱离这个角度，因为这为我们思考国家在地域社会的发展上究竟扮演了怎样的角色提供了一个新的维度。也就是说，由于国家的某种制度或者诉求，经常导致地方和民众的因应；地方和民众自身的发展也会引发国家的制度设计和新的诉求，那么运河这个因素究竟在这样的互动中发挥怎样的作用？我始终认为，应该从区域社会的角度重新审视康熙皇帝和乾隆皇帝的南巡，不只是传统的政治史的角度，也不只是最近的从观念史审视江南的角度。就此而言，当然还有许多别的有趣的问题，这里就不一一开列了。我想，以上这些粗浅的思考，正体现了区域社会史研究的巨大空间。

◎ 关于民间文献研究的问题与方法 ①

按惯例，我还是首先对《贵州清水江文书·黎平文书》这套书的出版表示祝贺，这个祝贺是非常由衷的，因为这套书提供给我们学术界一个非常宝贵的、非常丰富的财富，当然也是继《锦屏文书》出版之后，我们在这个领域里面一件重大的、非常有意义的文化盛事。我觉得这个工作今后还得继续做下去，未来的影响会更大。

其实，让我做这个发言，就像前面几位学者提到的那样——非常惶恐。在讲跟清水江文书或跟黔东南区域历史文化有关的内容上，我自己没有任何发言权，因为我自己未做过研究。有很多的话，前面的甚至更早研究这个地方的研究

---

① 《贵州清水江文书·黎平文书》首发式论坛上的发言。

2011 年贵州黎平，小朋友在夕阳下戏水，远处是风雨桥

者都已说过。我们后面的很多年轻同志，他们有更多精力看书，不断地吸取营养，所以知道什么话我们以前说过或别人在哪篇文章中说过。所以下面就勉勉强强讲几句。

一是各类民间文献的挖掘、整理、出版和研究。这在全国范围内蔚为大观，而且也给了很多地方上包括地方院校申请比较高档次的科研项目，获得更多的支持以及更大范围关注的机会。我们知道，像过去，无论教育部、国家社科等重大基金项目申请，都集中分布在比较好一点的学校。但近些年，很多围绕地方州县档案、契约文书、碑刻等地方文献的项目的首席专家，许多是原来不大了解的地方院校的年轻学者了，这个现象是相当普遍的，也是很好且难得的机会。当然如郑振满讲的，已有一些地方文献，比如族谱、账簿，甚至包括碑刻等，都陆续出版了，但还有很多不容易出版的。在这种情况下，推动学术的积极意义是主要的，无论对高校还是对学术界、对学科的建设的推动仍是主要的。但它也带来一系列的问题和挑战，所以我们需要去很认真地思考这些问题及挑战。

很多问题可能很小，也可能很大。从小的来讲，我们都知道，我们去很多地方收集资料，不同地方、不同高校、不同学者的做法可能很不一样。像我们听到，黎平文书在收集整理过程中，基本上不是我们把"原始的"资料从老百姓家里弄进档案馆系统，我们只是照相、扫描、出版，这是一种"原生态"的方式。也有一些单位及同志们收到各自的单位，无论是公藏的档案馆、图书馆，还是学校建立的研究中心、资料库，当然各有各的道理，因为在民间保护、保存的情况可能有问题，除非国家或当地政府给予大力投入。

这说明什么问题呢？说明这些资料原来是老百姓日常生活的组成部分，现在这些东西被逐渐地从老百姓的日常生活当中剥离出来了，变成学者研究生活的组成部分，这个背后可以有很多考量。无论从技术上，还是道德上，我们应担负一定责任。在几十年前大家都没有做，近十年来呈现大规模生产的图景，我们开始注意这些东西时都还没有考虑这个后果，一下子文物贩子都知道了这个民间文献的价值。以前，一张徽州文书卖10块钱，现在估计100块都不止，而且盗、偷、抢、造假之类的情况现在开始出现，有些仿造得很逼真，包括元代的、明初的一些地方民间文献比较少，现在也有了。这类东西的大面积出现带来很多问题，扰乱了很多原有的生态系统，所以对地方民间文献，是不是还能说是一个"原生态"（样本），或者"原生态"状态是否陆续被打破，我都有了一些怀疑。这值得我们这些利用者、收集整理的研究者关注和思考，现在不思考恐怕不行了。当然这只是相对小的问题，至于大的问题，学者们都已经讲过了，我不再赘述。

二是刚才老师们也讲到的，民间文献多被视为"新材料"，所以很多不同学科的研究都依赖这些材料。新材料的出现会吸引很多学科睁大眼睛来关注，不光是历史学、人类学或民族学，还包括法学做法史研究的。最近我看到一些法史方面的研究，但是做法非常不同。我们都知道很多人利用州县档案做研究，他们关注的问题跟史学或其他学科有很大区别。他们有不同的视角，回答不同的学科问题。这是非常正常的、非常自然的。我们看到的情况，比如这些研究者在做具体研究时，一个官司、一个诉讼、一个案子，为一块土地、坟山等涉及地产的问题在打官司，甚至两个家族一打打很多年，几十年甚至上百年都有，可以从传统社会打到现代社会。很多学者对于打官司的两家人及其住的地方，在那些档案里都提供了很多证据，都看得很清楚。关键是坟山在哪里？土地在哪里？打官司的人住在哪里？研究者是未必去考察过的，主要根据这些档案来作判断。离开了事情发生的历史情境，我有点怀疑是否能解释清楚或者判断准确。问题的背后，当然包括刘志伟老师说的"语言"的问题。

还有一些更基本的东西，比如文献本身的问题，也就是郑振满老师他们一直在做、很多现代学者也关注的问题。这些地方民间文献，尤其是不同文类的民间文献出来之后，对传统的古典文献或者历史文献学造成何种冲击？因为传统历史文献学经历了上千年的传统，形成了自己一套固定的方法和分类系统，它甚至有自己解释的脉络，包括具体的记述以及记述的基础。比如我们刚才所说的"语言"，音韵、训诂等，都跟语言有关系，也都是跟历史文献学相关的，都是历史文献学的基础。但是，新的材料出来以后，我们有没有很好地、系统地从具体问题出发，去讨论对传统历史文献学的冲击？它不可能不形成冲击，冲击已经造成了。但是，传统历史文献学的这套系统里面，其实基本上没有办法纳入现在我们发现的各类不同的地方民间文献。

除了地方民间文献之外，我们面对的更多的情况是怎样理解和解读文献。我每个学期都会带着自己的学生读一些很基本的文献，有时候也被其他高校请去带他们的学生一起读。在这个过程中，我也经常读到年轻人用民间文献写的文章，发现读不懂、误读或者忽略其中信息的情况比比皆是。比如像做地方历史研究的人，首先接触的多半是地方志。我往往是从地方志的封面开始读起，会问学生从这一页上看出什么问题。学生们大多说不出来。他们一般都会选择脑子里已经知道的那些问题去看相关的部分，剩下的部分就不管了。但是从封面上的书名，加上编者、版本，不能看出什么问题吗？接下来就是地方志的"序"，逐字逐句地问，大多数学生是回答不出来的。像地方志这种大家熟悉得不能再熟悉的东西都这样，新发现的材料就更难说了。所以，我对现在的研究常常持一种悲观的态度，很多研究是在对一些非常基本的文献的阅读和理解上不求甚解的情况下做出来的，经常会把与关心的问题看似不相干、无法建构起链接的东西跳跃过去。所以，对于我们熟知的东西现在还不能理解和搞清楚，那些陌生的、不熟知的东西怎么办？一是不可以抛开"旧材料"，单抱着"新材料"就去打天下了；二是对"新材料"不是用我们原来的那一套做法就能充分发挥它的价值，需要我们狠下功夫。

三是很多学者，包括刚才发言的老师们讲到怎么展望未来研究之类大的问题。我们知道，敦煌文书被发现已有100多年，为什么它一经发现就被人们认为很重要呢？很重要的原因是研究唐、五代以来，包括以唐、五代为主的历史资料太少了。但是这些资料拿出来以后，虽然重要而伟大，但它

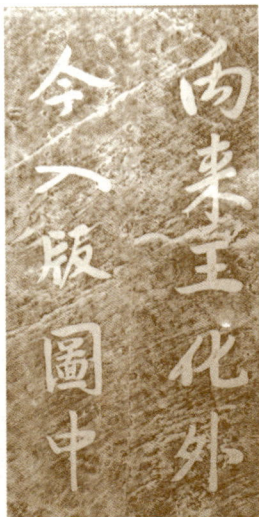

都江雍正摩崖石刻

能解释唐、五代的历史吗？它只能解释唐、五代那时的一个很小的局部的历史，比如西州的历史，不能解释整个中国或者唐朝版图内其他地方的历史。我们还知道考古发现的汉简，也很重要，很多学者做过出色的研究。但是，以居延汉简为例，它所反映的主要是汉代居延一带的情况，即使是王朝制度，也是王朝制度在居延这个地方实行的情况，别的地方也不一定相同。当然，发现那个时代的这类材料已经很不容易了，只是用它们来说明汉代、唐代的历史，需要谨慎，需要有些限定。但是到明清以后就不同了，各种区域性的民间文献变多了，我们可以通过这些材料了解区域的历史，再进一步去重构明清时期整个国家的历史。所以，区域性的研究就不能局限于讨论某一个地方，要有更大的观照。

如前面反复提到的徽州文书，包括"徽学"，已经经过了半个世纪以上的研究。但是按照我个人的观察，虽然徽州文书的研究成果非常多，却依然没有在中国的历史叙述当中扮演过任何重要的角色。我们去找那些通史来看，有哪些重

188

大结论是从徽州文书研究出来的？有些重要的局部性的研究结论，但也没有被重视和写进去。这可能有两方面原因：一是通史的书写者不重视；二是徽州文书的研究者在研究文书时没有思考刘志伟刚才所提到的重大问题。比如，刘志伟他们做的珠江三角洲地区的相关研究，没有一个名字叫"珠三角学"，也没有一个"珠三角文书"的说法。对于这些学者来说，不管是什么材料，都可以拿来解决问题，也没有去强调这是什么"学"，或者那是什么"文书"。但是为什么大家那么重视华南研究呢？我个人认为，是因为他们讲的这个区域的历史过程已经体现在中国历史的叙述当中了，尽管他们的研究从整体上是要比徽州文书晚一些的。如果大家比较一下这两个区域的研究，可以看出两者的差别。所以叫"什么学"，大家都知道这是宣传意义上的、广告意义上的，不能当真。我们将其建立成为一个学科是可以的，用它来争取项目、搭建平台等，都没有问题，但要认识到这其实是一种策略。我们不能最终做得不好，口号也喊了，钱也花了，材料也整理出版了，但在学术的意义上却变得悄无声息了。我们有很多很多好的材料，但也要好好地把问题思考清楚，这是个大问题。

那么，我为什么说清水江文书的出版（不管是锦屏文书、黎平文书，还是以后其他别的文书的继续出版）是很震撼且

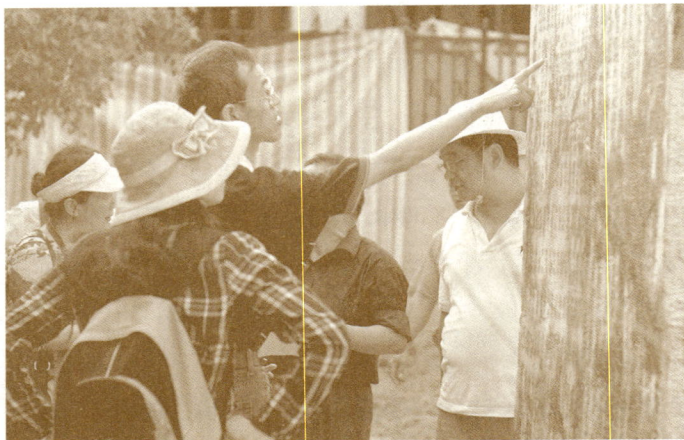
2015年5月麻城田野中

有意义的呢？虽然我没研究过黔东南，但还是会引起我整体的思考。比如，张应强以前做博士论文的时候，我一直在追问一个问题，但到现在为止，好像还是没有什么答案，就是木材流动到哪里了？人们把木材卖到哪里去了？用来干什么了？我始终不大明白，买木材的这一方在这个问题上究竟扮演什么角色。大家似乎认为这跟清水江及其研究没有多大关系，但恰恰要打破这种观念。我们清水江的木材流出去了，流到天南海北，在中国，在世界，怎么能跟我们没有关系呢？研究那些地方只能让清水江相关研究的意义变得更重大，而不是手伸得太长。刚才刘志伟也讲到清水江木材贸易背后的机制问题，他没有得出答案。

又比如，很多学者看到材料都已经知道，在清水江木材贸易里面，徽商和晋商都参与了，但这里是不是可能有两种套路？究竟是徽商和晋商代表的那种商业模式把清水江木材贸易拉入一个原来的传统套路里面，还是另外一种商业模式的套路？这个问题也很值得思考。再比如，包括刚才两位老师提到清代的三件大事和苗疆的事情，我一直在想这个问题，包括我前几年写的小文章也在思考这个问题。第一个是这三件事是相互孤立的吗？第二个是这三件事只是清代的事情呢，还是明代的延续？其实这些问题是还没有得到解答的。

总之，清水江研究是一个研究的起步，而不是它的终点。

（本文原刊于《原生态民族文化学刊》，2018年第2期）

2018 年 1 月与郑振满、刘志伟、张应强等在贵州凯里考察

◎ "託金石之不朽，庶德音之长烛"

本文的标题出自北魏《冯邕妻元氏墓志》，意思是说，凭借着金石材料的记录，墓主的美好声誉可以传之永久。出于这样的动机，中国古代的贵族士人往往在死后将生平事迹铭刻在石碑上，埋入墓室，成为一个重要的传统。也正因此，历代留存下来大量的墓志，成为后世了解前人生活史、艺术史的宝贵资料。

20 世纪初，民国元老张钫在河南洛阳铁门镇建立了千唐志斋，搜集了 1400 多件墓志，其中唐代墓志达 1100 多件，"故有是称"。后来张钫所藏墓志被整理出版，为治隋唐史者重视。按《隋唐五代墓志汇编》的估计，该时期的墓志原石和拓片总计在 5000 ～ 7000 件。事实上，现实中存在的墓志数量要远远超过这个数量，即使像唐代这样比较早期的墓志也仍大量存在于地方博物馆、文保所、古玩店和民间。

2013 年，因计划在山西晋城举办海峡两岸历史文化研习营，我与高平市委宣传部有所联系，并在一个偶然的机会结识了一位墓志的业余爱好者和收藏者。我由于多次到晋东南地区做社会历史调查，知道这一地区保存着非常丰富的地方民间文献，特别是碑刻，所以也很希望了解这位先生的收藏。

我先看了几十张拓片，不久后，又见到他们编制成两巨册的《随弘斋碑志原拓精辑》，精选了部分唐代墓志原拓。同时，他们也在准备将搜集到的唐宋时期的墓志 400 余方整理成书，其墓志除附图版外，还要做录文。作为本地的企业家，能以自己的力量搜集、整理、保存本地的历史资料，是值得大力表彰的。

说到本地的历史资料，过去因中古时期的资料不多，因此以研究明清时期为主的区域研究很少能实践于更早的时期，这也是许多同行向我们提出的问题。当然，地方文献大大少于明清乃至以后时期，区域性的研究无法那么细致和系统，这是肯定的，但绝不是完全不能做。比如我看到的这批墓志，大多出土于晋东南地区的长治市，其中必然反映了不少区域历史的信息。所以，确定墓志的出土地点是十分重要的。

如《唐故渤海郡吴府君墓志铭》中记："龙纪二载，岁当庚戌，忽天降□，□□台地哉入潞川。九月闰初，全城陷没，哀煞号天，或遭□□之中，或没井泉之下。"唐昭宗龙纪二年（890）于正月改元大顺元年，已是唐朝风雨飘摇之际。是时，泽潞地区为朱全忠与李克用拉锯争夺的焦点地区，六月时拉着朝廷大旗的朱全忠占据潞州，而墓志中所说九月"全城陷没"，记录了李存孝在此大败朱全忠、百姓遭受极大损失的境况。

这些墓志可以使我们对中古时期这一地区县以下的行政区划有更细节的认识。如《大宋故李府君墓铭志》，"……李府君因官逐任，到于潞州上党县戡黎乡田恭公村人也"；又如《大宋故任府君墓志铭并序》，"……因官土潞州上党县太平乡下郝村人也"；再如《大宋故王府君墓志铭》，"厥有王公者，本贯太原郡人也。因官流派住于潞州上党县五龙乡内董村"；等等。这种情况在本地区的唐代墓志中是不多见的，而这些乡、村地名在后世所编地方志中也通常是缺载的。在墓志中将居家所在甚至本贯为何清晰写出，在当时已成为惯例，说明北宋时的基层管理程度要大大高于唐代，这种状况当与北宋和税收直接相关的户籍制度的建立有着因果关系。

墓志中反映出的北宋县以下的乡—村制度，与唐代是不一样的。唐代一些典章制度的记载说唐代系乡—里两级制，学界认为里这一级比较实，而乡这一级比较虚。但在墓志中，偶尔出现的居住地名称则两者都有，如《唐太原故郭公墓志

大唐故吕君墓志铭并序

大宋故申屠府君墓志之铭并序

大宋故江夏黄府君墓志铭并序

铭并序》："……其年冬十二月告终于上党皇后里之私第"；再如《唐故处士秦府君墓志铭并序》："……因官潞州上党郡雄山乡别业"；又如《唐故李府君及夫人合府墓志铭并序》："贯居上党县祥鹿乡依善坊……咸通九年正月十四日己酉岁合祔于太平乡冯村西北一里"。从其中比较规范的书写来看，本地区乡制存在的痕迹还是比较明显的。

上党地区的唐代墓志具有基本的模板，先讲郡望何处，现居何方，祖、父为何人；然后讲墓主何时去世，寿几何，葬于何处；最后是四言的墓铭，内容多是描述葬地的风水。如果墓主生前位高势大，可在讲去世时间之前讲一些个人的生平功绩，但这些墓志中这部分或极简略模糊，或干脆付诸阙如，可见大多是普通人的墓志，又可见当时于墓葬中置墓志为比较普遍之事。

这一地区的宋代墓志与唐代风格大体相近，但有些地方还是值得注意。《大宋故王府君墓志铭并序》记，"厥有太原郡王府君者，本住河阳人也。……高祖，曾祖，祖讳训，父讳煦……"；同名《大宋故王府君墓志铭并序》记，"因官逐任，流派于潞府长子门外店上，子孙兴矣。高祖，曾祖，祖讳，府君讳"；《大宋故江夏黄府君墓志铭并序》记，"曾祖讳，皇祖讳，府君讳……府君者，本贯潞府怀义坊人也"。据此，在对亲属制度的描述上，时人多追至四代祖先，而高祖、曾祖的名字已多不知。这就是其后欧阳修和苏洵，特别是苏洵倡导的"小宗谱法"的社会基础。

当然，从这些墓志中，我们还能获得许多有价值的历史信息，此处限于篇幅，无法一一论及。像光绪《潞城县志》中专门收录了姓申或姓申屠的北朝的墓志，而从眼前这些墓志中，我们也能发现唐代申屠氏或申氏的墓志。一直到相当晚近，这都是当地的著姓，光绪志中还提到该家族的家谱。此类长期在地方上的权势力量，是值得认真关注的。

最需要强调的是，虽然各地文物部门近年来开始重视墓志，甚至编辑出版了《新中国出土墓志》，但在民间散落的墓志还是大量的。我在陕西韩城老城的一家古董店前，看到数十上百方墓志就沿街摆靠着；在著名的党家村，一家院落中的小桌就是用一方墓志做的。随着城市改造、农田建设、房地产开发，许多原来的坟地被挖开，墓志被掘出甚至毁坏，散落得非常厉害，保管者也非常多样，更大批流入文物市场。政府文物部门除了自己收集的以外，很少去购买这些文物价值不是很高又很占保管空间的墓志。所以，我们真诚地希望有更多的热心人士，出自对乡土文化传统和祖国文物的珍惜和热爱，为此贡献自己的力量。

明永乐《张处士墓志铭》（摄于镇江）

◎ 研究移民史为哪般?

非常感谢信阳师范学院邀请我参加这个会议。可能是因为我写过一篇关于"山西洪洞大槐树移民"的文章,有一点影响,所以一些朋友认为我是研究移民史的。因此湖北麻城邀请我去过那里考察,重庆的荣昌区(原荣昌县)也请我去他们那里开移民史的会议。其实我并不能算研究移民史,只不过在研究明清时期的地方社会时,注意到许多地方都有脍炙人口的移民传说,这些甚至被记录在族谱、墓碑上,所以要想了解这个地方的人为什么要讲这个故事,和他们的生活有什么关系,就必须要对这个问题进行思考。就好比我做过许多寺庙的研究,就有人认为我是研究民间信仰的,但我还是说我是研究地方社会的,因为在很多地方,寺庙就是社区的中心,不研究它就无法理解这个社会,是一样的道理。明白了这一点，大家就知道我为何关注移民史的问题。

这次会议主题的另一个关键词是"历史记忆"。从字面上理解，历史记忆就是人们对自己或者自己的家庭、社区乃至国家曾经经历过的事情的记忆，但历史记忆不等于回忆。人们为什么记住了这段历史，却忘记了那段历史，是存在选择的。如果大家都有意忘记某些历史，那这部分历史就不复存在了，但有可能恰恰是比被记住的历史更重要的部分。被记住的部分是一定有目的需要记住的，不会是无缘无故的，因为要记住，要它成为集体记忆或社会记忆，就要不断地重申，我们就要想办法知道这个目的是什么。比如我们为什么总在讲开漳圣王陈元光是我们这里的人呢？这个说法其实对明清时期的闽南人或者移民到台湾去的闽南人有好处，对我们本地人本来没什么好处，所以过去我们本地人没有几个知道陈元光的。说实话，现在中国的历史学者也没有多少知道陈元光的，知道他在民间有个头衔叫"开漳圣王"的就更少了。但现在有好处了，因为有统战工作的需要，这个需要可以带来项目、经费、投资，所以我们也要大讲特讲，至于他到底是不是唐代从我们这边跑过去的，都不重要了。这就是历史记忆。

所以好的历史学家是一些很讨厌的人，他们偏偏要把一些辛辛苦苦编织了很多年而且编织得很美好的故事拆穿掉，用现在的网络语言叫作"人艰不拆"。但这并不是说历史上人们编出某些故事来是不好的，因为这就是生活，这才是历史真实。我们并不指责历史上的人们这样做，但我们为什么要指责今天的人们做同样的事呢？我们需要明白的是人们为什么这样做，不能稀里糊涂地跟着说。

下面言归正传。

近20年来，移民史研究取得许多重要成果，除了葛剑雄教授等人的六卷本《中国移民史》外，还有像安介生教授的《山西移民史》这样的分省移民史著作，陈世松研究员关于"湖广填四川"的三卷本也是皇皇巨著，更不用说大量的论文了。

通过这些研究，学者们已取得了一些重要的共识：

第一，无论在中国的历史上还是在世界历史上，移民或人的迁移都是非常常见的活动，而不是什么非常特别的、罕见的事情。无论是一个国家还是整个人类，都是从一个很小的地方，慢慢地扩展到一个很大的范围的。

第二，人类的区域文明是靠人的迁移来完成的，所以研究人的迁移的重要性是毫无疑义的。

第三，就中国移民史而言，我们讨论移民传说，无论是出自口碑还是族谱，并不是否认频繁的或者大规模的人口迁移活动存在，否则永远可以为两边的说法找到证据。我相信，到今天，关于能否把传说中的移民故事完全当作人口迁移的史实，也不会存在争议。同时，移民传说恰恰可以反映出移入地的某些重要方面的历史。

事实上，我们对中国移民史的重视，甚至我们对中国移民史进行研究，都是从那些脍炙人口的移民传说开始的。正是因为各地流传着大量生动鲜活的移民传说，才引起我们对历史上的移民问题的兴趣，我们才开始去爬梳文献。随后，我们发现在正史文献中的材料极其零散而且有限，因此我们才会去专注于地方民间文献。但是，这些移民传说却主要存在于移入地，在传播甚广之后才被移出地重视起来，是典型的倒流现象。这是为什么？这又说明了什么？

首先，这些说法是移入地的人群制造出来的，至少也是从这里开始传播的。虽然这难以证实，但大体上不会错。说自己的祖先来自山西洪洞大槐树的资料，外地的比洪洞本地的多得多，也早得多；说自己的祖先来自湖广或者麻城孝感乡的，也是四川人多于麻城人。这说明，移入地比移出地更重视这个移民史。其实，不仅是传说，与移民史有关的记录大多也是移入地那里的，比如族谱、地方志、墓碑等。

其次，如果我的这个说法可以被接受，而我们又知道，历史研究的基础是要对所使用的资料进行批判性的检验，即在使用之前，要知道这些资料是如何、被谁、何时产生出来的。所以，我们就要对上述移民史记录做这样的检验，比如族谱是怎样的一种文献、它为何被编纂、为何要记载祖先的来历、除了这个还记载了什么别的，等等。最后我们就会发现，我们要做的其实是对移入地的历史进行研究，或者说，就是一种区域史的研究。否则，所谓移民史研究的基础就不牢靠，或至少某些认识是片面的。

前年我去重庆荣昌参加"湖广填四川"的会，曾经有一个发言，说我们到荣昌考察和研讨，目的也在于对移入地进行研究。移民的问题只是个切入点，我们倡导的，是对这一区域进行整体的、全方位的研究。

我注意到荣昌在明代有个大族，姓喻。明中叶著名的文学家杨慎所撰明嘉靖时刑部尚书喻茂坚的墓志铭中说："喻氏之先，本丰城人。正统中，始移江右之籍，侨迹巴南之荣昌，因家焉。"[①] 我们都知道"江西填湖广""湖广填四川"的说法，而且关于"江西填湖广"也多有来自丰城的传说，喻氏则提供了一个从江西直接"填四川"的实例。有意思的是，在喻氏族人 2008 年 7 月 10 日给荣昌文保所提供的《重庆市荣昌县塘坡滩明朝尚书古墓情况报告》中说："墓主人喻志善是明朝初期（1435 年）'湖广填四川'（重庆）的成功典型"。

喻氏墓地存碑两通。一通即杨升庵所撰之碑，另一通应

---

① 《刑部尚书月梧喻公墓铭》，见清乾隆抄本《荣昌县志》卷四《艺文志》，5 页上。

系喻茂坚自撰的《赠资政大夫刑部尚书启庆公神道碑铭》，"叙其迁徙庐里始终"。按道理说，喻氏从其祖父喻志善始迁，时代相隔并不久远，喻茂坚所记迁徙过程应该大体无误。但这些是他听祖父或父亲说的，还是回到丰城之后才知道的，甚至其曾祖喻宗祥葬在丰城这件事是否也是在此后才确定下来的，我们还不能遽下结论。

承蒙陈世松先生寄赠新编《续修喻氏族谱》，对于喻氏宗族的建构，提供了有趣的信息。喻茂坚曾回丰城拜祭祖先祠墓，并与光山喻时"会于席，通宵详议，同出一枝"，就此完成了联宗。宋淳祐年间（1241—1252）虞仲德写序的江西谱估计就是此时带回到荣昌的。到明万历时，喻茂坚的曾孙喻思恪据这份江西谱，创作了一份"谱纲"，明确了四大派的说法，即所谓"虞翰林所创族谱，恪当搜极思之，欲咸正无缺，需以岁年，不敢如今日之率略也"。当然，这也为荣昌喻氏是否真的来自江西丰城提供了进一步考证的空间。

这真是个巧合！我没有想到我在荣昌开会时提到光山喻氏，今天竟然真的来到光山！通过发生在明嘉靖年间（1522—1566）的荣昌喻氏和光山喻氏的联宗，我们就可以知道祖先来历的传说和宗族是怎么被建构起来的。两支的代表人物喻茂坚和喻时当时都已是地方大员，这印证了科大卫和刘志伟关于"大礼议"对珠江三角洲地区宗族建构具有重要影响的看法，兹不赘论。喻茂坚于明嘉靖十七年（1538）回丰城祭祖，十九年（1540）及二十三年（1544）其祖父母和父母就得到了朝廷的封诰，去世后更得到很高礼遇，虽不知他是否"议礼"的支持者，但至少说明他是很受嘉靖皇帝看重的。值得注意的是，喻茂坚自祖父移民到荣昌后，三代即考中进士，并不是件很容易的事。

喻氏的祖父两代到一个陌生的地方，是怎么打拼出来的？不知道。在喻茂坚为喻志善所写碑文中说，"时有贷贳莫能偿者，尽焚其券无取"。这说明家里已经很有钱了。无论如何，这种突然发家的家族，对于追溯祖先的渊源乃至建构宗族，往往具有极大的热情。

根据族谱所收喻茂坚自撰之《明诰赠资政大夫刑部尚书启庆喻公墓左碑铭》，他的祖父"生父与叔洪春，洪吉者三"。但在他回丰城祭祖时所撰《祭黄氏祖妣文》中说，"追维祖母，早赘我祖。我祖之蜀，祖母家庆。生伯有二，次伯守土。我祖蜀游，祖母寡苦"，说明他的祖父当初是入赘黄氏，但生了两个儿子以后，留了夫人和次子在江西老家，带长子到四川后再娶吴氏，生喻茂坚兄弟。所以喻茂坚去江西祭祖应该具有认祖归宗的目的，这便与嘉靖皇帝"尊本生"的理念颇有相合。想到"议礼"的主要支持者张璁先世亦为赘婿，便可理解喻茂坚被嘉靖皇帝看重的缘由。

我没有多少光山喻氏的材料，在嘉靖《光山县志》卷六的《科贡志》里，喻氏也是到弘治年间（1488—1505）才出现，有喻端本、喻明；嘉靖时有喻希立、喻希纯、喻希学等人，喻时不在其中。再查顺治《光州志》，知道喻氏是明代这里的大姓，州城中有喻家巷。喻时就是这里人，他是嘉靖辛卯科举人、戊戌科进士，其墓在州东二十五里。但此后喻氏就再没有登科第的了，只有一些监生，如喻嵩、喻鹍、喻凤、喻三礼、喻三素、喻三象、喻芳曜等，说明喻氏在当地的影响。

　　《光州志》里记载喻时的祖父和父亲，"喻孟烈，时祖。宅心长厚，赋性瓖奇，目右江而奋迹，卜中土以起家。爰笃庆于英孙，遂蜚声于峻仕。赠户部侍郎。喻宣，时父。积学胶庠，登贤胄监，心安义命，行律准绳。虽约躬齐志于丘园，而积善扬名于后嗣。赠户部侍郎"①。知道喻时的祖父只是普通人，父亲开始成为庠生，做了小官，都是沾了喻时的光，被封赠为户部侍郎。值得注意的是提到他祖父"目右江而奋迹，卜中土以起家"，是说他们虽然起家于河南，但却是把江西视为老家的。这说明喻时和喻茂坚一样，跑到江西丰城去寻根和联宗，但江西是不是真的老家，我们也并不知道。只是当时那样一个大的氛围，让许多士大夫一旦有了地位之

_____

① 顺治《光州志》卷十《人物志下》，"封赠"。

后，都要搞这一套。

我们这个地方与湖北麻城交界，是个三省交界的地方，也是个人口流动频繁的地方。为什么它们成为传说中的人口移出地？这就要看这样的传说产生和流传的那个时代，这里是什么状况。遗憾的是，无论是麻城，还是光山、固始，研究都非常不足。我记得在麻城考察的时候，看到少数非常宏伟的祠堂，但一般人的祠堂很少。在麻城的族谱里也说，"吾麻多巨族"[1]，但最让我注意的是光绪《麻城县志》里说的："耕种鲜佃民，大户多用价买仆，以事耕种，长子孙则曰世仆。"[2] 这就是雍正"开豁贱籍"里包括的安徽宁国的世仆、伴当、佃仆之类。明末清初还几次流传谣言，说有圣旨要求世仆可以用钱赎回平民的身份，引起骚乱。相邻的光山、固始有没有这种情况？

嘉靖《光山县志》说："自弘治以后，流亡者过半，……光之农非昔之农矣。……工技疎拙，大半假手于外方之人。……商贾虽少，不能贸易以济有无。江右、湖湘、金陵一带客商反皆牟大利，以至置产起家，婚娶生子如土著焉。"[3]

嘉靖《固始县志》说："吾邑之村落庶矣。旧里四十六

---

① 民国《麻城丁氏族谱》，光绪"续修宗谱序"。
② 光绪《麻城县志》卷五《舆图志》，"风俗"。
③ 嘉靖《光山县志》卷一《风土志》，"习尚"。

为土民，有恒产，皆国初占籍，随田起科者。新里三为寓民，无恒产，皆正统间占籍，派以没河粮者，夫有粮无田，故流徙者众。"[1] "江淮之流民多术，自东以愚我；荆湘之流民健讼，自南以诈我；汝蔡之流民尚利，自西以扰我；陈颍之流民尚勇，自北以掠我，此四方逋逃之害伙也"[2]。

此外，光州、固始、光山这些地方的军户占人口的很大比例，这些都说明这一地区的流动人口很多。同时我注意到固始有许多村名叫陈族、王族、林族、宋族、柴族、胡族、葛族、巴族等，说明曾有不少大族聚居。这些大族与外来人口是什么关系？只有把这里的社会结构搞清楚，才能知道这里关于移民的种种说法是怎么产生的。

我们也知道这里的陈元光崇拜是明朝万历年间的光州知州陈烨搞出来的，因为陈烨自称是陈元光的后代，所以才建立了广济王庙。但我们还要注意陈烨在这里大力推行一条鞭法，甚至搞了自封投柜，这是与当地有大量不在籍的流动人口有直接关系的。

当然，我对这一带没有任何研究，因此也不可能有任何结论，只能提出一些问题。因为移民史的许多问题，必须要深入了解移出地和移入地的社会结构及其形成过程，才能得到解答。

---

① 嘉靖《固始县志》卷二《舆地志》，"乡里"。
② 嘉靖《固始县志》卷二《舆地志》，"风俗"。

◎ 历史司法档案的利用与法史研究的不同取向

　　非常荣幸能够得到中国政法大学人文学院历史研究所的邀请来参加这个会。虽然我不是法盲，但绝对是法史盲，我的初衷就是来扫盲的，向大家来学习法史研究的治学经验。但既然与会，还是应该与大家交流一点自己的粗浅体会。刚刚听了李德顺教授的发言，对我的启发很大。虽然李教授自己说对历史没有多少研究，但是我认为他对历史学的很多方面都提出了高屋建瓴的、发人深思的问题。所以我也秉承他的精神，作为法史盲来讲一些关于法史的想法。

　　我要讲的话题，可能对大家，特别是对法史专业的研究者来讲，都是非常熟悉的东西。我们这些年所做的研究，经常需要到各个地方去跑。不是仅仅在书斋里面，而是围绕着一个具体的地方做非常深入的、细致的研究，从而试图去思考一些更大的历史问题。因此，各种基层的文书档案就是我们特别注重的材料，尤其是里面涉及德顺教授所讲到的很多实践层面的问题，不是法理或者制度规章的问题，而是这些制度规章和法理怎么在人们的日常生活当中、生活实践当中发生变化，又如何受到日常生活包括传统习惯的反弹而做出相应调试的问题，是人们如何应对这些制度规章和法理的问题。这是作为我们对"人"这样一个核心的关注的组成部分而出现的。

对地方的历史档案的利用和研究其实在"文化大革命"前的史学界就已经有了，但是比较多的还是从社会经济史的角度出发的，其中有一个重点就是对"资本主义萌芽"问题的研究。一些地方的档案，如天津宝坻县（今宝坻区）、河北获鹿县（今石家庄市鹿泉区获鹿镇）的档案等就开始被利用于这些研究。当然，那个时代的法史研究也是存在的，但是是否开始用了这些材料我就不是很清楚了。至少，我想肯定没有像今天这样大规模地受到法史研究者的关注。

到了改革开放以后，随着各个地方的档案（比较大宗的如四川巴县档案）的利用，国内外都非常重视。但是直到现在为止，拿出来出版的只是非常少量的一部分，只有少量的巴县档案被整理出来了。而且，由于出版整理的时间比较早，其中的错漏也较多。近年，由于国家档案局的要求，各个地方档案馆，从省往下一直到县里面都对历史档案做了一些非常好的工作,将其数字化,放在馆中供人使用。比较大规模的、已经编出目录来的有清代四川南部县的档案（量虽不多，但是相当完整，从清代的顺治一直到清末都有，尽管顺治朝的档案只有一件。而其他县的档案多自雍、乾以后甚至更晚），四川冕宁县档案，内蒙古自治区土左旗档案（即清代归化城的副都统衙门的档案，涉及的很多事都是汉人去内蒙古地区开发，这是一直延续到今天的一个过程。这个过程中发生的许多纠纷都记录在这些档案里面。多数都是司法档案），浙江龙泉县（今龙泉市）档案也有部分是晚清的档案。还有一些如宜宾市档案馆藏清代叙永档案也不少，当然这也比较集中在清代中晚期。这些只是一些简单的介绍，挂一漏万。上海交通大学曹树基教授、华东师范大学冯筱才教授等人对各地民国时期档案都做了大量复制工作。

我想，这一类的材料的出现以及在这些材料基础上所进行的研究工作，一定会为未来数十年的历史研究提供一个全新的平台。因为像李德顺教授所讲到的历史碎片化，无论在国内还是国外的史学界都是众说纷纭的话题。但是历史研究不管以后为人如何解说、如何概括，都是要建立在对人的关注、对人的生活细节的关注上，而不只是停留在冷冰冰的器物或少数几个"推动历史"的精英人物身上。正如现在一些学者着力推动的公众史学一样。其实历史是我们每一个人的，不是被某些人或某个人所垄断的，因此我们要体会不同的人对历史的不同想法，哪怕他是一个目不识丁、在历史上毫无建树（按过去的标准）的人，我们依然应该知道他对历史的看法。只有不同历史看法的综合体现，才是历史的相对而言接近真实的面貌。

当然，尽管有这样一批材料的出现，也并不一定就会使我们的研究走到一条完全正确的路上。我们在历史研究中经常会不断反思自己的研究。我们知道，这些历史材料当中透露出大量的历史信息，由于我们现存的官方档案当中大多数是诉讼档案，故常归为"司法"档案。但是这个划分也不是十分严谨，我们很多的历史资料是在这样一些概念出现和发生现代社会转型之前就长期存在了，因此不能被后来人的观念完全束缚，否则就可能遮蔽了以前曾经有的、原来的一些信息，它们的本来意义就会被现在的一些概念重新改造了。所以对此我们要还原其本来的面目。包括现在的档案管理，直到我们现在对档案资料的使用都应该注意这个问题。对于这个分类，实际上应该还原到原来的分类，即按六房定名。刑房档案不一定都只是用来研究司法问题，户房、礼房档案也不一定就没有关于司法的内容。因此，按现代概念分类的话就是一个很麻烦的事情，直到今天为止也没有得到一个很好的解决。它告诉我们的就是：如果你脑子里面非常恪守现代或者是近代以来的一个概念的话，就会无意地将一些原本应该有的历史信息从自己的研究或者阅读材料当中排除出去了。

所以我个人认为目前法史研究有着不同的取向，可将其概括为：法学取向的法史研究与史学取向的法史研究这两类。比如说，我去过西昌很多次，那里沿着安宁河谷，不同的族群呈垂直分布，越靠河谷越是汉族的聚落，山脚下是回族的聚落，山上就是彝族。在不同的族群里面可以看到完全不同的景观，在不同景观当中又看到不同类型的历史材料。在同一个生态环境当中、同一个空间当中，它有不同的东西，我们就可以看到所谓的"兼听则明"的效果。后来我就发现有一些研究，以《冕宁清代司法档案研究》①为例，主要讨论司法程序、法律适用、司法监督、行政处罚等问题，还有《从冕宁县档案看清代民事诉讼制度》②，大体也是这样，都利用了这些历史档案。但是，这显然都是属于法学取向的法史研究，他们讨论的问题是法学提出的问题，而不是史学提出的问题。司法程序等词汇或概念只是到晚清之后才出现的，所以，讨论这些问题是用后来的观念套在过去的史实上的研究。在场的也有很多人就是从事史学取向的法史研究的，在

---

① 张晓蓓：《冕宁清代司法档案研究》，北京，中国政法大学出版社，2010。
② 李艳君：《从冕宁县档案看清代民事诉讼制度》，昆明，云南大学出版社，2009。

这里我就不多说了。我概括一下这两种取向的不同，有以下三个方面。

第一，前者是共时性的讨论，具体体现就是书中不是按年代来分章节，而是按司法程序等来设章节；后者是历时性的讨论，因为史学的问题除了要研究很具体的问题以外，还应有一个宏观上的历史发展变化。

第二，前者是以制度为中心的。所以过去我们法史研究有叫法制史，也有叫法律史等，大体上过去是以研究制度史为中心。后者是以人为中心的。虽然制度也跟人是有关系的，但是研究制度史的通常是不管人的。法学只是关心案件本身，却不关注其中的人是怎么回事儿，人只是一个符号而已。但是史学家是无论如何都绕不过人的，如我们看最近刚出版的龙泉的晚清档案中，很多纠纷都是在家族内部发生的，如果不能够了解当时人与人之间的关系，就不可能理解这些案子。

第三，前者是从后向前看的，人们回过头来看历史，用了很多新的概念去解释历史。后者是从前向后看，虽然是立足于今天，甚至很多思考问题的出发点也是今天，但是在研究和叙述的时候思考的逻辑是从前向后看的、从过去向今天看的。虽然在研究问题的时候脱离不开当今社会现实的羁绊，但是证明自己的想法的过程与其他社会科学是不一样的，是反向的，这是历史学的特点。

所以在法史研究当中，我个人认为会出现这样两种差别，这些差别当然会导致不同的研究结果。

我个人认为有这样一种看法，这也是我在学习法史研究者的著作中所学到的。四川学者里赞在《中国法律史研究中的方法、材料和细节——以清代州县审断问题研究为例》一文中，关于滋贺秀三和黄宗智关于审断问题的争论有一段我非常认同的话："如何回到历史情境中去，运用档案材料把当时的情况说清楚，而不必受制于所谓理论框架的束缚，大概是解决滋贺和黄宗智的争议乃至寻求解答清代州县审断问题的必要途径。"①他的主要的观点，我个人基本上同意。但是如何回到历史情境？就像我刚才说的，利用档案材料。这个官司到底是在什么样的情况下发生的？这些人为什么这样表达这个案子？把涉案人员的生活环境等各种情况都搞清楚的话，就是回到历史情境当中去了。如果是这样，我认为就必然会超越司法本身的问题，也必然会采取法史的史学取向，而且大体上必然就是我们今天所倡导的区域社会史的取向。因为时间来不及，这方面我就不在这里充分发挥了。

所以到最后，我想问，法史研究的意义究竟在哪里？是为以西方法理为基础的话语体系提供东方历史上的例证吗？

---

① 里赞：《中国法律史研究中的方法、材料和细节——以清代州县审断问题研究为例》，载《法学》，2009（3）。

我认为，目前法学领域内的法史研究大多属于此类。但我不认为我前面那句话纯粹是一个贬义的概念，而是中性的。因为现在我们同法史研究者们讨论问题时，当我们使用一些概念的时候，双方都很难继续下去，如"产权""所有权"等一类的概念，如果不用的话则没有东西可以表达，但是如果用的话自然而然就无法摆脱概念背后的一套体系。

正如里赞教授的倡导，要回到历史事实。那么，回到历史事实之后又如何呢？能够摆脱西方话语体系的束缚吗？我初步的想法是，至少在历史学的研究中，在理解、明白其语义的基础上对一些常用的西方概念进行剥离其原有语境的工作，然后为这些概念重新建立一个中国语境。我个人认为是可以就此做出某些尝试的。当然，即使这样的一些工作也只是"万里长征"的第一步，第二步还有如何在中国历史的、现实的发展过程当中建立或提出自己的概念。这对于中国的学者可能是更难的，至少在我这一代是难以完全做到、至少是少有建树的。我们都背着太沉重的包袱，希望没有这些包袱的年轻的下一代能够通过具体的、非常扎实的研究向这样一种目标来努力。

（本文原刊于《中国政法大学学报》，2013年第6期）

◎ 后现代史学：匆匆过客还是余音绕梁

后现代主义思潮对于史学界的影响较晚，但并不能说是悄无声息。对于文学和艺术来讲，其杀伤力远比对史学小，因为它将一切视为充满主观意涵的文本，而认识历史所依赖的史料自然难逃其外，历史研究的客观性也就必然遭到严峻的挑战。

对历史客观性的挑战并非从后现代主义始。就史学家而言，在我们熟悉的卡尔的《历史是什么?》中，已经持有一种温和的、乐观的相对主义观点，认为历史是过去与现在的对话，而不是纯粹的过去。但后现代主义却认为，历史不过是众多不同的话语之一而已，因此人们已经不再去探究"历史是什么"，而是去询问"还有可能研究历史吗"？[1]

这种对历史学使命的残酷打击无疑应该得到充分的回应，但在20世纪80—90年代之交，欧美史学界对此也曾漠不关心，直到90年代末支持者和反对者才开始激烈争论。目前，争论的硝烟似乎已经散去，其结果正如伊文思所说，"历史学家对于某些后现代主义者有关历史学的批判所做的回应，在一些重大的层面上，已经导致某些后现代主义理论学者要去修正他们的论据了，就好像历史学家受到后现代主义者的批判，被迫要去修正他们的论据一样"[2]。

这样的结论对于中国史学界显然并不适用。中国史学界对于西方哲学和社会思潮对历史学提出的挑战至今还是准备不足的。在21世纪的今天，当即使是中国的精英历史学家对西方18—20世纪前期历史哲学的脉络也不甚了了的时候，当他们即使是对马克思主义史学与这一脉络之间的关系也漠不关心的时候，讨论后现代主义对史学的挑战似乎就是一种奢侈。其实，相对于那些只是在一个很小的领域里自说自话的人，或只是为了生计而炮制垃圾的人来说，无论是挑战者还是回应者，都是对这个职业具有责任感的。因此，虽然近

---

① ［英］理查·伊凡斯：《为史学辩护》，潘振泰译，3页，台北，巨流图书公司，2002。本文译为"伊文思"。

② ［英］理查·伊凡斯：《为史学辩护》，潘振泰译，14页，台北，巨流图书公司，2002。

年来也先后有一些关于后现代主义史学的介绍和讨论，但只是死水微澜，未能引起中国史学家的反应，也许后现代史学真的会成为中国史学界的匆匆过客。①

尽管后现代史学的主张存在诸多谬误，或许还有些危言耸听，但这并不能成为我们闭目塞听的借口。伊格尔斯认为，日常生活史、微观史以及新文化史的出现都与后现代主义的挑战有关，因为后者挑战了历史中的宏大叙事，挑战了关于社会结构的变化历程的那些研究，而更多地关注普通人的生活感受以及个性历史。② 但是，纳塔丽·戴维斯却对学界把她的《马丁·盖尔归来》以及拉迪里的《蒙塔尤》、金兹堡的《乳酪与蛆虫》归入后现代史学不表赞同，认为他们还是希望得出一些超出个案的大的看法。她认为他们三人的共性在于都具有人类学的兴趣和讲故事的陈述方式③，但正是这样的倾向与以往历史学的宏大叙事追求发生了偏转。

人们甚至认为，社会史研究也为后现代主义开了方便之

---

① 仲伟民称其为 "姗姗来迟的不速之客"（《光明日报》，2005-01-27）。说它是"不速之客"很准确，因为我们的史学家还没有做好准备；说它"姗姗来迟"似乎过奖，我倒觉得对我们的史学界来说还是来得有点早。复旦大学陈新教授、清华大学彭刚教授等人在这方面做了很多工作，但我们绝大多数同行似乎还是对此不屑一顾。

② ［美］伊格尔斯：《二十世纪的历史学——从科学的客观性到后现代的挑战》，何兆武译，16 ~ 17 页，沈阳，辽宁教育出版社，2003。

③ ［英］玛丽亚·露西娅·帕拉蕾丝 - 伯克编：《新史学：自白与对话》，彭刚译，74 ~ 75 页，北京，北京大学出版社，2006。

门，因为社会史抨击了政治史的排他性，特别是传统史学从研究对象和史料等多方面都对边缘的或异己的群体加以排斥的做法；他们也通过研究揭示了历史研究的意识形态影响，比如美国历史往往是掌权精英集团的政治宣传，这就导致了后现代史学对客观性的质疑。① 对这样的一些说法，我们当然不应漠然视之，因为这涉及我们自己正在从事的工作，而之所以后现代史学所提出的问题具有极大的挑战性，也是由于我们自己的工作，无论是在社会史还是文化史的发展方面，都向人们揭示了这些问题的存在。譬如，人们迄今还在围绕顾颉刚的"疑古"进行争论，一些人只是以为用新的材料证明可以更多地"信古"，而不明白其"层累地制造古史"的意义在于证明史料的非纯粹客观性和话语性。

以上情况说明，某些史学研究的动向是历史学发展自身的结果，并不一定受到所谓后现代主义思潮的影响；也有可能它们同是某一思潮的产物，或者，这样一些动向也未必一定要冠以"后现代"的名目；甚至冠以"后现代"之名的动向本身也是非常不同的。因此，正视它要比躲避它更为可取。

譬如，民族国家（nation-state）的建构是现代性的重要

---

① ［美］乔伊斯·阿普尔比、林恩·亨特、玛格丽特·雅各布：《历史的真相》，刘北成、薛绚译，182～183 页，北京，中央编译出版社，1999。

方面，在后现代主义看来，民族国家是与18世纪以来西方科学理性追求和自由人追求同步的政体形式，也是后者的政治结果，它利用强权更强化了现代性的话语霸权。无论我们是否同意这种看法，它却引导我们去思考很多重要的问题。如"中华民族"的概念本身就是西方民族国家理念与实践的产物，有了一个民族国家意义上的"中华民国"，就有了一个与之配合的单一民族概念——中华民族，但事实上它是"中华国族"（nationality），意即中国人（Chinese），其中还有很多不同的"民族"或者"族群"（ethnic groups），他们在现代国家建构之前很久就已存在。在历史的不同时期，他们与国家的关系是与现在不同的。因此，用现代国家框架下的认识去思考以往的历史，有许多问题是值得反思的。[①]

无论从事实的层面上看，还是从解释的层面上看，"中国"这个概念在历史上都有两个重要的特点：一是其"文化"的意义，二是其"变化"的意义，我们很难通过一个固定的空间范围去确定一个人是否"中国人"。近读一组关于"中国少数民族史学"的笔谈，其中涉及"少数民族史学"的定义，论者认为，"那些记述各少数民族历史或少数民族地区

---

① 在这方面的讨论可以参见［美］杜赞奇：《从民族国家拯救历史：民族主义话语与中国现代史研究》，王宪明、高继美、李海燕等译，北京，社会科学文献出版社，2003。有很多评论者将此书观点与后现代主义联系起来，如王晴佳、古伟瀛：《后现代与历史学——中西比较》，济南，山东大学出版社，2003。

社会历史，……不论其作者出身于何种民族，不论其采用何种文字，等等，都可视为少数民族史学范围"[1]。论者强调中国史学史研究中要重视"少数民族史学"是很正确的，但上述定义却值得反思。

首先，这个"少数民族"是否是今天意义上的"少数民族"？也就是说，是具有汉族作为主体民族意义上的少数民族，同时也是在今天国族（nationality）即中华民族之下的少数民族？如果是这样，在华夏——汉没有作为主体民族之时，在"南夷与北狄交，中国不绝若线""小雅尽废，四夷交侵"的时代，谁是"少数民族"？其次，即使是秦汉以降，中原王朝逐渐占据优势的文化地位，视周边各族为蛮夷，但未必人家自己就承认是"少数民族"。匈奴承认过自己是汉朝的"少数民族"吗？南北朝时"南谓北为索虏，北谓南为岛夷"，大概可以说是互视为"少数民族"吧？若以元以后的中国版图论，南宋时的版图顶多占1/4，它下辖的居民是不是"少数民族"呢？

由这样的概念进而讨论"少数民族史学"，当然会造成进一步的混乱。我们所依据的先秦史料，多是华夏观念的反映，其中对戎、狄、蛮、夷"四夷"的描述，并不能等同

---

① 瞿林东：《少数民族史学的发展与多民族统一国家观念的形成》，载《河北学刊》，2007（6）。

于人家自己对自己的定位。就是我们现在没有发现人家自己书写的历史记载，也不能贸然用自己的看法取代别人的看法。至少我们在19世纪以来对许多无文字社会的田野调查中看到，"他者"的看法包括他们对历史的记忆与我们是迥异的。此外，《史记》中有《匈奴列传》《朝鲜列传》《西南夷列传》《大宛列传》等，但我们怎么知道司马迁是把他们当作"少数民族"看的，还是当作"外国"看的，还是没有差别的？可以肯定的是，司马迁不会有"少数民族""外国"等这样一些近代国家出现以后的概念。如果是这样，我们把这些列传称为"少数民族史学"合适，还是"外国史学"合适？

我曾在另一篇文章中谈到元朝人修辽、金、宋三史的争论。① 同在"二十四史"中，不知是否前二史可以归诸"少数民族史学"，而后者则是"汉族史学"？或者有其他的处理方法？问题在于元顺帝时"诏厘为三史，而各统其所统"②。其顺序是《辽史》《金史》，最后才是《宋史》，我曾说这表明元朝特别重视与草原帝国的承继性，而非与中原王朝的承继性。蒙古人虽然在这里表现出清晰的族群观念，但却未必在脑子里把宋人看作"少数民族"，至少绝不会把

----

① 赵世瑜：《明清史与宋元史：史学史与社会史视角的反思——兼评〈中国历史上的宋元明变迁〉》，载《北京师范大学学报（社会科学版）》，2007（5）。

② （清）毕沅：《续资治通鉴》卷二八〇，1152页，上海，上海古籍出版社，1987。

契丹人和女真人看作"少数民族"。我们现在称他们为"少数民族政权"，他们却视自己为"正统"。^①

在最近的一次学术会议上，有学者痛感目前还有很多人对文化遗产中许多带有信仰色彩的活动持保留态度，一些人动辄斥之为"宗教迷信"，因此得不到很好的保护。其实，用描述西方基督教的 religion（翻译为"宗教"）一词来描述中国传统的许多祭祀行为，颇多不妥；后来又用描述基督教异端的 superstition（翻译为"迷信"）一词同样来描述这些中国的祭祀行为，更为不妥，且具西方中心之用意。殊不知中国传统的这些祭祀行为，上至天子，下至庶民，多可用"礼仪"一词以蔽之，正与西方的"宗教"一样，成为中国传统文化的标志。但自引进"宗教"并用其来描述此类行为以来，中国传统文化中这一部分信仰活动就得不到正确的估价。我因而在会上称之为"世上本无事，庸人自扰之"。

前面讨论的"少数民族"问题也颇类此，都属于后现代主义诋为"宏大叙事"（grand narrative）一类。在我看来，虽然后现代主义对历史客观性的彻底摧毁并不一定成功，但它对近代以来"宏大叙事"的抨击是很有价值的。这种"宏大叙事"的建构实际上遮蔽了许多追求历史真实的原则和努

---

① 中国政法大学赵丙祥教授曾向我介绍他的最新研究，即南诏祭祀的五岳四渎并不是中原的山河，而是在云南境内的山河。

力，在这里，我们熟悉的辩证法和历史主义都望而却步了。我们几乎忘了我们并不是从一开始就有一个今天这样的"中国"的，我们也不是从一开始就有一个"中华民族"的，这些都是客观存在的，它们逐渐构建的过程也都是客观存在的。正如后现代主义所指出的，"宏大叙事"的建构是服务于某种权力的，目的正是要遮蔽弱势群体的声音，包括后者对自己的历史的记忆。"少数民族史学"的倡导本来应该和美国黑人史学的崛起一样，成为聆听弱势群体声音的契机，但如果我们缺乏批判意识，它同样可以成为"宏大叙事"的工具。

后现代史学的意义也许并不在于它关于历史认识论的惊人之语，而在于它对近（现）代以来主导性历史话语的批判意识。在这方面，如果它成为中国史学界的匆匆过客，那就不得不承认是我们的悲哀。

（本文原刊于《学术研究》，2008年第3期）

◎ 文本、文类、语境与历史重构

　　《中国图书评论》2007年第5期刊登了一篇冠以我的名字的短文，实际上是一篇既未经我同意发表，也未经过我审阅修饰便刊登的会议发言记录，错处甚多。譬如，把我说的"神威大将军炮"说成"红衣大炮"、湖南"宁乡"变成"宁江"、"崇祯十六年"成了"顺治十六年"、"坟山"变成"焚山"，等等。另外一些话变得前言不搭后语，读者一定觉得不知所云。在那次会议之后，我也曾在我的博客留下一点纪实文字，其中还专门说到"在座的还有媒体的朋友和一些研究生，应该可以证明我以下所谈大体上是实录"，结果媒体朋友留下的"实录"竟然如此失实，如果不郑重重述一下当时所谈，不仅无法作为我的博客文章的证明，这个失实的记录反而有可能真的被当作历史的实录。由此可见，对历史文本的怀疑和批判性考据有多么重要。

首先，近年来，文本（text）、语境（context）和文类（genre）这三个概念也渐从语言、文学或文化批评向史学研究中流行，这自然离不开后现代主义观念的挑战。在历史研究中，这些概念的使用当然不是为了赶时髦。当我们使用文本这个概念或把任何传递历史信息的材料视为历史文本的时候，我们至少应该具有以下的共识：第一，这些材料，哪怕是历史时期遗留至今的实物，都并不等于它们所处时代的历史，而是时人的创造物；第二，这些材料之所以是以这样的而非那样的面貌存在，具有相对独立于它们产生的情境的逻辑；第三，历史因而只能重构而不能重现，这一重构又与文本无法分离。从某种意义上说，后现代主义论者所谓"文本之外别无他物"的说法最容易以历史作例，因为我们面对的只有史料，没有历史。也正因此，中国传统史学（甚至也包括经学）在史料学或文献学上的建树不仅具有现代意义，而且也具有后现代意义。

在文本分析的意义上回顾20世纪的学术史，我们可以重新评估王国维"二重证据法"以及顾颉刚"层累地制造古史"说的意义，两者都揭示了历史文本的特点。有学者指出，民国学术有两个外来的源头：一是欧洲汉学，二是美国的新史学。前者被陈寅恪说成是"世界学术的潮流"，傅斯年也是力主者；后者讲究社会科学的介入，就是梁启超新史学的滥觞。这位学者说这一脉的唯物史观派和美国新史学派的合流，就是我们的社会经济史。这位学者自己认为，后者才是世界学术的潮流。

诚哉斯言。20世纪前半叶的确是史学社会科学化的鼎盛时期，受到马克思主义史学影响的法国年鉴派史学便执了国际史学界的牛耳，但到后半叶便悄然变化，20世纪初的陈寅恪、傅斯年、顾颉刚史学的意义又被重估。与前两者及"欧洲汉学"相关的甲骨文、敦煌文书、清代内阁档案的"发现"，通常被称为"新史料"的发现，这不仅意味着新的研究领域将被开拓，而且表明史学家始终不曾失去对历史文本的自觉，显示了寻找多种历史文本的努力。而后者的"疑古"为人诟病，之所以不被今人买账也在于顾颉刚揭示了历史文本所具有的"历史"和"神话"的双重属性，从而显示了史料作为历史文本本身的张力。年鉴派史学从布罗代尔到勒高夫的变化，也体现了社会科学史学向人文学史学的变化，更不用说意大利的微观史学了。

我们重视历史文本分析，就等于我们重视史料的产生或制造过程、史料存在到今天的情境，以及史料被不断加以解读的语境——其实，就是我们通常所说的史料学。不同的是，我们并不将此视为与我们专注的"历史"相分离的东西，而就是我们专注的历史。第一层意思是说如果我们不清楚一份史料是如何产生、包括被谁制造出来的话，大概不会真正理解这份史料中的内容；第二层意思是说史料不是随便就被保存至今的，好像除了沧桑变化、世事变迁，就没有特殊的情境，譬如，碑刻被保存在庙里、族谱被保存在祠堂或家族的某个人手里、科仪书或礼簿被保存在仪式专家的手中，是我们理解史料所反映历史的组成部分；第三层意思是说史料是被不断加以解读的，这些解读不仅在重构史料，而且体现了文本及其语境的互动。

有学者曾对徽州文书的史料价值表示了惋惜的态度，认为目前的状况使这一大宗宝贵财富受到很大损害，就是在这个意义上说的。因为以前无论是有关部门还是文物贩子对徽州文书的搜集，都把它原有的生态系统打乱了，即使是存在着内在的关联，但还是若干件被保存在这里，若干件被保存在那里；或是按照现代的分类，即使是一家一姓的东西，也被按照宗教、商业、法律等重新拆分，劳燕分飞，天各一方。这些史料的制造、保存、不断解读或复制的过程及其情境，基本上不可复得。

其次，以上认识显然不仅限于我们所谓的"民间文献"，还包括一切史料，只不过这个道理在我们的工作中体会得更加深刻。譬如我们在强调中国社会中礼仪的重要性时，同时也会思考，正史中的"礼志""五行志"（在地方志书写中体现为"祠祀"和"灾祥"）为什么构成"历史"的重要部分。反过来想，我们今天的历史文本中，为什么不包括这些部分。或者说，它们为什么会被排除于历史之外。可能的解释是，就今天的科学态度而言，那些内容或是虚妄可笑的，或是可以被今天的"科学认识"所说明的；而就当时的历史认识来说，那些内容是事关国体国运的大事，所谓"国之大事，在祀与戎"。

顾颉刚的关于孟姜女传说的不朽之作指出，这个故事的初始本是杞梁妻拒绝国君在不适当的地方吊唁其丈夫，因而是关于礼仪的故事；楚人曾向周人问鼎之轻重，被后者视为非礼而拒绝回答，这些都被当作重要的事情记入历史。《周礼·考工记》讲都城格局的"左祖右社，前朝后市"，不仅是理想设计，也完全被历代付诸实践；明清时期因为各种礼仪事件引起的冲突，不仅牵连朝野、波及中外，而且导致罢官、丢命，引起社会体制的连锁反应。换句话说，"戎"是破、乱、变、无序，"祀"是立、治、常、秩序，这不仅是历史的重要内容，而且是历史的主要内容。"祀"不仅是今天所谓的宗教，也是政治，是文化。如果认同这个道理，就能理解我们为什么会"进村找庙"，因为"庙"正是生活秩序的一个个结点。在经历了"科学"观念洗礼的时代，在长期以变、以破、以"戎"事为历史主要内容的观念支配下，我们对上述历史文本的理解是困难的，对通过"进村找庙"来帮助理解上述历史文本这一做法的理解也是困难的。

语境变了。

语境的变化也可以让人忽视或不理解关于"戎"事的、讲破、讲变的历史文本。有些学者对以前"五朵金花"中最亮丽的一朵（过去叫农民战争史，现在也有叫"民变"史的）现在变得黯然失色表示不满，称现在的一些学者把地方性认同看作不言自明的前提，把社会看成温情脉脉的和谐社会，而看不到冲突。这与另一些学者批评社会史研究的说法如出一辙，他们认为后者往往将社会看作长期不变的社会，看不到变化。

如果将社会史理解为社会生活史，或者狭义地理解文化史研究或人类学研究中的"文化"，是有可能带来这样的后果的。近20年来对社会冲突的研究的确少而又少，这实际上既不符合历史上的实际情况，也不符合我们的社会经济史或社会文化史研究理念。问题在于，我们并不会像以往研究大规模民变的人们那样，把他们当作大人物改朝换代的工具，或者不自觉地把他们视同于大人物的改朝换代。譬如，以往我们在研究改朝换代之际的农民战争时，专注于领袖人物和转战的过程，不是与研究改朝换代之际的王侯将相很相似吗？我们在关注元末农民战争的时候，关注朱元璋不是远过于关注别人吗？我们所希望做的，真是力图像某些学者主张的那样，去发掘其内在机制，而且认为这个内在机制也需要在一个区域内部深入发掘。

区域社会史研究的一些学者从来不会放弃对这个重大主题的跟踪，因为任何"民变"都绝不会不是首先从一个区域开始，逐渐呈星火燎原之势的，甚至就是兴衰于一个区域中的。珠江三角洲的研究早已证明了"黄萧养之乱"对于当地社会重组的重要意义，而对明清时期当地及潮汕一带"民盗难分"的现象，必须与当地的生计模式、商业化进程等联系起来才能理解，而这又与地方军事化等社会变迁直接相关。对赣南"盗贼"的研究，则将其置于一个区域开发史的情势下观察，社会冲突或阶级斗争或许可以在一个日趋紧张的生态关系下加以理解。有意思的是，都是谁、是在什么语境下、称呼谁为"盗贼"，把什么描述为"民变"，这些"民变"或"乱"是在怎样的情境下发生的，对这些问题的回答，本质上要求文本的分析，而不是想当然。

我的一个学生研究的例子，是以明末清初的湖南宁乡为中心的。我们关注的是崇祯十六年（1643）张献忠所部进入宁乡一直到三藩之乱波及宁乡的事件，无论大规模"民变"还是王朝易代这个传统史学的课题便都成为讨论中心。我们看到的是在这天崩地裂的时代，地方大族如何为了保住自己的田产，而将土地作为寺庙的香火田，又如何捐建寺庙作为香火庙，而成为这些地产的宿主，到平定下来之后，这些香火庙又如何转化为祠堂，从而巩固这些田产。于是我们看到宁乡宗族的建构过程，清康、乾时期以后，这里的宗族及其历史表述——族谱才大量出现在我们眼前。我们知道，大规模动乱和王朝更迭给地方带来了怎样的不安定感，而宗族和寺庙又如何作为地方因应这场变动的重要工具。

我们也曾跟随一个年轻学者去她研究的广西桂平参观。桂平的大藤峡是读明史的人甚至读思想史的人都耳熟能详的，因为它是王阳明等人成就其事功的地方。史书里说那里的瑶民用山中的巨藤把江面封锁起来，官军难以攻取，后来官军打了胜仗，砍断了大藤，这里就改称断藤峡。看了这些文献，我们知道这里在明永乐初就"瑶乱"不断，这场"瑶乱"背后究竟有什么动因？我不得而知，但却因此引起了朝廷的整治。或者，是朝廷开始整治边陲之地，然后制造出了这种种借口？最后的结果是外来人口日益进入，在明代有从贵州调来镇压瑶民的"狼"兵，在清代有经商的福建人和广东商人，于是渐成化内之区。事情的过程当然不是这三言两语那么简单，但究竟这是一个"内部"问题，还是一个"内"与"外"的关系问题？这里的"狼"、

大藤峡明代摩崖

"傜"、"僮"、汉究竟是怎样的关系格局？这是一个自下而上的结果，还是一个自上而下的结果？有意思的是300年后，这里发生了著名的太平天国运动，那些起事的人就是从外面来的客家人，没有办法进入土著的生活秩序，只好靠破坏原有秩序来解决问题。那些土著与当年"瑶乱"平定之后的人群有何关系？我猜测，这个当年"傜"、"僮"、"狼"、汉错居的地方，到了清中叶社会发生了什么变化，实为我们理解这里爆发巨变的重要前提。

顺便说，有不少同行认为社会史学者"不关心政治"，如果知道我们来金田村，就应该不会这么看了。其实，所谓关心政治的学者也来金田村，但只是凭吊而已，他们并不试图理解金田、桂平或者粤西，并以此来理解为什么是这里而非别处爆发了太平天国运动。他们认为这个爆发的原因是全国一体的，所以并不需要理解这里的历史。

再次，与分析单元上的"区域"一致的是，研究方式上的"田野"往往成为另一个容易被误解的关键词。已有很多历史学者谈到了做田野工作的意义，无论是做商业史还是人口史的学者，都谈到过利用田野资料的价值，更不用说研究环境史了。在我看来，研究历史绝非必须做田野调查，传统的书斋研究同样可以创造伟大的成果。傅斯年虽然很推崇陈寅恪的学问，而且也鼓励"动手动脚找东西"，但后者却不做什么田野调查，即使视力良好也未必。其实宽泛点理解，不一定到乡村才叫作田野调查，在城市甚至到图书馆里也可以叫作田野调查，就好像我们也可以把到庙里或祠堂里叫去图书馆一样。

其实，把田野调查和图书馆调查对立起来并不是现在的发明，过去人类学界把老一代学者泰勒等称之为"扶手椅上的人类学者"，就是说他们不靠做田野调查进行研究。但那是19世纪欧洲靠研究档案吃饭的学者和靠下乡吃饭的学者强化出来的学科界限，在希罗多德的时代并不如此，在提倡"读万卷书行万里路"的传统中国也不如此。今天学者的学术理念依托的不过是19世纪中叶到20世纪中叶这一百年的"科学"传统而已，忘了这并不是学术史的全部，也不是唯一正确的部分。

历史学者做田野调查通常被视为不务正业，因为这似乎是人类学者的"正业"。但人们通常忘了，人类学者或人类学者的先驱们最初是想了解那些"高贵的野蛮人"的历史，只不过发现他们通常没有留下文字的记录，只好通过访谈的方式记录他们的口述传统，于是歪打正着地发展起了田野工作的方法和民族志写作。历史学和人类学本来就具有共同的学术兴趣和学术研究的出发点，但后来二者的渐行渐远倒也使人认识到不同的文本传统以及文类的重要性，这也许是田野工作比文献工作更容易告诉我们的事情。

为什么这样说呢？虽然我们可以把文字记载、口述传统、实物、图像、音律、体态等都视为文本，但它们却是不同的文本传统。长期以来，历史学者用力甚勤的文字文本或文献，具有这样的特点，即可以把与文字传统不同的文本转化为文字传统。譬如，当司马迁把他访谈听来的故事传说写成文字、变成《史记》的一部分以后，口述文本就转变为文字文本；很多档案里包括案件审判的记录，也就是说有很多供词，它们本来也是口述的文本，最后经过别人的手变成了文字。我的意思是，我们所阅读的文字文本可能遮蔽了不同文本之间的区别，也就遮蔽了这些文本自身的特点或局限性。当然，有些被遮蔽或改变的内容比较容易被识别，譬如，文献里记载有一类人叫"有巢氏"，另有一类人叫"燧人氏"，或记载了夸父追日、精卫填海，大家都不会太相信，知道这是记载的传说、故事，但还有更多的内容就不那么容易辨别了。虽然在"想象"和"发明"的意义上，这些内容与前述神话差不多。

　　即便在文献传统之内也还有不同的文类。"文类"这个概念来源于文学，亦译为"文体"等，指涉比较含混而宽泛，比如诗歌、小说、散文等。这个概念之所以被赋予新的意义，在于人们认识到它并非纯自然、纯客观的划分，而是因特殊的意义而产生、存在，被人维持和使用，因而是具有强烈主观性的分类概念。对于人类的历史记忆载体而言，也有所谓"历史文类"，即专门用于记载历史的文类，譬如史诗、正史、地方志等。传统四部之史部下十三类（正史、古史、杂史、霸史、起居注、旧事、职官、仪官、刑法、杂传、地理、谱系、簿录）即当时之历史文类区分，这里其实已包括了我们今天很重视的族谱、文书档案，但没有包括金石、简牍、文集、笔记、宗教科仪书、宝卷善书等，这与史观的变化有很大关系，因为我们现在可以把"四部"各类都视为不同的历史文类。

在某种情况下，正史编纂比较容易具有某种程度上的"文类迷信"，即比较相信、也比较有意地维护某些历史文类的权威性，比如比较相信官方保留的材料，这当然与正史的内容主要是官方的历史有关，也与它和官方意识形态一致有关。19世纪以后文书档案比较受宠，因为这被认为具有较高的可靠性，其实这也是因为研究的内容是国家史。任一历史文类都有其优长，也有其局限，看它对什么内容而言。同样是文书档案，假如是州县一级的，那就不一定是国家史了，但仅仅依据这些地方档案，又不一定真的能了解地方。第一，档案里的内容往往是特定的，老百姓不是什么事都愿意告诉衙门，没有大事也不愿意往衙门里跑；第二，档案里面有很多当时耳熟能详的东西一带而过，今天的人看起来，没有别的材料的帮助很难理解。现在能利用大宗地方档案进行研究已很难得，但还是要看你是研究什么，要理解地方，就还是要借助其他地方文献。

如何更好地认识各种不同文类的优长和局限呢？最好的办法就是对各种不同文类或文本有所了解，增广见闻。在图书馆中我们可以做到，但在田野中我们可以做得更好。譬如，随着文献搜集和整理的工作越做越好，我们可以在图书馆中通过看拓片或查阅碑刻集来阅读碑刻，但显然不如我们在现场观察碑刻体会得真切；我们也可以在各种资料汇编中看到宗教科仪书，但肯定不能和一边观察仪式及道士作法一边理解这些资料相比；我们也可以在各种公藏机构中查阅族谱，但和在祠堂里与老人们聊天中理解族谱大异其趣，更遑论我们在图书馆中难得一见的文本和文类呢！如果我们不能对各种历史文类有所见识，那么怎么能对某一文类怀有强烈的自信呢？

当然，田野虽然是鲜活的、多样的，但却是变动不居的；图书馆虽然是僵死的，但却是稳定持久的。对于历史学者来说，前者多多益善，后者则不可或缺。我们在下田野之前，往往会在图书馆做较充分的案头准备，但那些内容对我们往往是隔膜的；我们从田野回来后再进图书馆，往往会发现那些隔膜的历史变得亲近起来，变得可触摸和可理解了。有学者提到高王凌的《租佃关系新论——地主、农民和地租》一书，被人调侃为"佃户欺负地主的历史"。[1] 我曾就此写

---

[1] 高王凌：《租佃关系新论——地主、农民和地租》，上海，上海书店出版社，2005。

过书评，说这正是作者从书斋走进田野之后得到的新看法。我写到，"无论是清代的材料、生活在乡村的农民，甚至有一线经验的干部，都不会产生这样的认识偏差，只是我们的许多被固定的思维模式禁锢的学者还在那里自欺欺人而已。今天在城市里，我们都会对'欠钱的是爷爷，借钱的是孙子'这样的话会心一笑，但对历史上同样的情境就不能理解。人们可以坚信，主佃之间存在尖锐的对立，却不能理解主佃之间存在相互依存的关系"①。或许可以作为一个说明问题的例子。

我们这里还很少涉及其他文本传统及其文类，因为我们的祖先对于文字的传统下了太大的功夫，给我们留下了太多的遗产，所以我们对使用它们来重构历史有太多的自信。但这并不等于说，口述的、图像的、音律的、实物的文本传统或历史文类就没有历史记忆意义上的价值，问题只是在于我们的祖先在这些方面没有留下太多的遗产，而我们又还缺乏能力去发掘其价值、总结其方法、利用其重构更多面向的历史。这当然是个更为复杂和专业的问题，无法在这里细述，但却揭示了田野研究于历史重构的更大空间。

[本文原刊于《清华大学学报（哲学社会科学版）》，2008 年第 1 期]

---

① 《光明日报》，2006-12-09。

◎ 论历史学家的直觉

历史研究成果是不是完全都是逻辑推理或经验观察之所得？其中有没有史学家直觉感悟的成分？历史学作为一门多年来一直强调从材料出发、"无一字无出处"的实证学科，能不能让直觉或灵感在里面保留一席之地？直觉引发的认识结果能否贴近历史真实、抑或导致历史认识的谬误？……这些问题应该作为历史认识论研究中的重要课题。

（一）

后世的严肃的史学家常常怀疑司马迁《史记》中某些历史场景的记述是否真实。记远古事如三皇五帝多采自传说，便有一个凭借何物以采真弃谬的问题；记近世事如鸿门宴，剑拔弩张，须眉真切，席间人物喜怒哀乐，如在眼前。虽太史公博闻强记，但事情发生在以往，其并未亲历其间，其言语对话、声音动作，又怎能知道得如此真切！但是，研究者在分析了当时的环境气氛、事件的前因后果、人物的性格心理等诸多因素之后，认为这样一种描述甚至虚构大体符合当时的整个历史氛围，是大体可信的，否则历史上的许多生动场面便不会流传下来，也许历史就会失去许多内容。于是我们断定，司马迁在选择和采纳文献与口碑材料的时候，有可能凭借他敏锐的史家直觉；他想象历史上的某些场景如此而非彼并接近真实，也出自一种直觉。

英国史学家阿诺德·汤因比也许是最强调直觉在历史研究中的作用并自觉运用直觉的史学家了，这一点已有论者指出。[①] 他常常徘徊于历史遗址，让耳濡目染的一切与自己的心灵发生共振，就好像我们静立在秦始皇兵马俑的巨大方阵面前，多少犹能感受到秦汉之际金戈铁马的肃杀之气一样。他认为，"潜在意识是直觉的源泉，合理的思维也是由这里产生的。……科学上的各种发现都是可以用理论性的语言来表述，用实验来验证的。事实上，一项发现得到肯定都是采用这种方法。但是，人们也承认，在诸多发现当中，有

----

① 张雄：《评汤因比〈历史研究〉史学方法论》，载《南京大学学报（哲学社会科学版）》，1987（3）。

一些若究其根源的话，是靠由意识之下上升到意识之上的直觉——未经验证，也非理论性的直觉——完成的"①。他高度评价直觉的作用："使我们不可少的提出假设的是直觉。……人类精神的创造性活动来自直觉"②。对于他这样一位宏观史学家或历史哲学家来说，他不可能对于所要利用的一切史料进行仔细考证，辨明真伪，证明哪些材料可用而哪些材料值得怀疑，而后才去构造模式、摸索规律，因此他的许多假说必然来自他独特而敏锐的直觉。这样一个特点，对于一切伟大的宏观史学家或历史哲学家来说，恐怕都是不可避免的共性。

现当代西方史学家中有许多人都充分肯定直觉在历史研究中的作用。意大利历史哲学家克罗齐说，"毫无疑问，想象力对于历史家是必不可少的：空洞的批判、空洞的叙述、缺乏直觉或想象的概念，全是无用的……我们要求对我们所将叙述其历史的事件应有生动的体验，意思也就是要使事件作为直觉与想象重新被提炼出来。没有这种想象性的重建或综合是无法去写历史或读历史或理解历史的。"③但他也反

---

① ［日］池田大作、［英］阿·汤因比：《展望21世纪——汤因比与池田大作对话录》，荀春生、朱继征、陈国梁译，17页，北京，国际文化出版公司，1997。

② ［日］池田大作、［英］阿·汤因比：《展望21世纪——汤因比与池田大作对话录》，荀春生、朱继征、陈国梁译，24页，北京，国际文化出版公司，1997。

③ ［意］贝奈戴托·克罗齐：《历史学的理论和实际》，［英］道格拉斯·安斯利，傅任敢译，24～25页，北京，商务印书馆，1982。

对"把自己想象出来的事情描述得好象亲眼目击的一样"，必须与所谓"自由的诗情想象"相区分，后者是一种"假历史"。① 柯林武德也赞成一种"先验的想象"，它"并不是装饰性的而是结构性的"，没有它"我们就永远不可能知觉我们周围的世界"。② 如何才能正确想象或知道历史？直觉是重要的途径。领一代风骚的年鉴学派倡导心态史、情感史、习惯史甚至想象史的研究，自然推崇直觉。其第一代领袖吕西安·费弗尔推崇米什莱，便是因为他"注重直觉（材料提供的只不过是一个要再现的现实所具有的征候而已）和感情同化的能力来了解一个时代人们的看法和感受方法"③。这与注重客观史实的实证主义史学方法是格格不入的。

由此我们知道，现当代西方史学注重直觉、想象、移情、灵感，是作为反实证主义或反理性主义思潮的衍生物而来的；是他们开始强调人文科学、社会科学不同于自然科学，强调史学家主体作用的必然产物。既然历史必须通过史料的中介才可能求得，而史料又错综纷繁、支离破碎，掺杂着记述者浓重的个人体验，史学家如果没有一种直觉的想象，仅凭逻

---

① ［意］贝奈戴托·克罗齐：《历史学的理论和实际》，［英］道格拉斯·安斯利、傅任敢译，25 页，北京，商务印书馆，1982。
② ［英］柯林武德：《历史的观念》，何兆武、张文杰译，336 ~ 337 页，北京，商务印书馆，1997。
③ ［法］J. 勒高夫、P. 诺拉、R. 夏蒂埃等主编：《新史学》，姚蒙编译，234 页，上海，上海译文出版社，1989。

辑推理是难免会手足无措的。艺术与历史从一开始就密不可分，19世纪科学史学以其强有力的自信把这种关系拆散，而现在又有重新携手的趋势。作为重要艺术手段的直觉、灵感之类，自然会重新进入史学。此外，新史学大力提倡的心理历史，研究包括身体动作、食、色、性之类在内的历史人类学，甚至"总体历史"的构架，这些都离不开史学家的直觉想象，仅仅依靠所谓史料是难以重现这些方面的过去的。

　　显然，无论是在古今中外前辈史学家的恢宏巨著中，还是在当今西方新史学的作品中，我们均可发现直觉认识的痕迹。无论是否符合科学认识规律，它已经是一种客观存在，成为史学史研究的一项内容。不过对于我们来说，重要的仍是看它是否符合科学认识规律的一条思维途径——即使在历史思维活动中也是如此，抑或它完全是一种唯心主义的主观臆测。

（二）

　　尽管直觉产生的机制还是人们研究的课题，人们只是初步判断它是知识因素的大脑思维运动逐渐积累和发展到一定节点上迅速综合而产生的质的飞跃，但毕竟已不把直觉思维当作一种神秘而玄奥的东西。这个现今的"非理性"因素也许只是人们的理性尚未能充分理解的高级思维过程。所以现代创造心理学和科学认识论已经把它当作研究的重要内容。①

"直觉是人们一种突发性的对出现在人们面前的新事物或现象的极为敏锐的、准确的判断和对其内在本质的理解。"②它已经是一种初步的结论，故不同于想象。它可体现为认识过程或创造过程中的直觉判断、猜想、预感、假设或洞察力。许多伟大的自然科学家充分肯定了直觉的作用，如爱因斯坦认为，"我相信直觉和灵感"；"物理学家的最高使命是要得到那些普遍的基本定律，由此世界体系就能用单纯的演绎法建立起来。要通向这些定律，并没有逻辑的道路；只有通过那种以对经验的共鸣的趣解为依据的直觉，才能得到这些定律"。③他把科学创造过程归纳为这样一个模式：经验—直觉—概念或假设—逻辑—推理—理论。这就是说，直觉在科学创造活动中具有关键作用，但同时又不否认经验的基础及以后逻辑的证实。居里夫人在镭的原子量被测定前四年就宣布这个新元素的存在，并建议命名为镭，这被劳厄称之为"以直觉的预感击中了正确的目标"④。科学家

---

① 参见刘元亮等人合著的《科学认识论与方法论》，及王极盛的《科学创造心理学》，以及周昌忠的《创造心理学》的有关部分。
② 刘元亮等编：《科学认识论与方法论》，216页，北京，清华大学出版社，1987。
③ ［美］爱因斯坦：《爱因斯坦文集》第1卷，许良英、范岱年编译，284、102页，北京，商务印书馆，1976。
④ ［德］M.V.劳厄：《物理学史》，范岱年、戴念祖译，63页，北京，商务印书馆，1978。

自述其科学发现出自直觉的例子不胜枚举。

英国人卡尔·波普尔从科学哲学的角度对此进行了大胆的论证。他认为新的理论往往最初来自假说，然后再寻找经验事实的支持，因此并非假说来自观察，而是观察来自假说，哥白尼的地动说、牛顿的万有引力理论、爱因斯坦的相对论都是如此。至于假说来自何处，他认为即来自爱因斯坦的所谓"自由创造""自由猜测""自由想象家"，或柏格森意义上的"非理性因素""创造的直觉"。当然，他也承认猜想来自"问题"。尽管存在偏颇，波普尔还是把传统的归纳主义科学认识图式戳了个洞。他甚至直接指斥某些历史学家"收集观察材料，然后从中'引出结论'"的方法是"想当然的却又是不存在的"；他批评"某些历史学家无创造性地加以模仿，他们相信自己也能收集相当于自然科学观察材料的史料证据，为自己的结论形成'经验基础'"，他认为，"这种想当然的方法是永远不会收效的：你如果不是先有问题，那就既不能收集到观察材料，也不能收集到史料证据"。这就把历史认识过程也纳入他的"问题—猜想—证伪—新问题"的科学发展模式中去了。①

当然，直觉的产生并非无根之木、无源之水，它必然与

---

① 参见纪树立编译：《科学知识进化论：波普尔科学哲学选集》，北京，生活·读书·新知三联书店，1987。

经验存在密切的关系。如果科学家对本学科毫无知识，他便不可能在该学科的科学研究过程中产生任何直觉判断。历史学家也是一样，尽管他对所要判断的事物尚无明确结论，但他只有在了解判断对象周围的整个历史氛围或许多其他相关常识的前提下，才有可能产生直觉。对某一事物的直觉判断，来源于判断者不知何时何地贮存入大脑的某些信息，它们被贮入的时候也许并未被意识到会有什么作用，也许是支离破碎、毫无系统的，但有可能被某种问题或某个联想突然引发，聚合成为一种直觉判断。但直到此时，人们无法知道引发这个直觉的信息究竟是什么。人们只能确切知道表层意识，却无法确切知道或整理出深层意识或潜意识。

但显然也不是任何一个具有大量经验、实践、知识的人都能产生敏锐的直觉思维，或者这种直觉所导致的往往是天才的创造，这就是发明创造者与常人的区别所在。发明创造者不仅往往博闻强记，善于捕捉各种信息，积累大量有关或暂时"无关"的知识，他们还必须具有创造性思维的能力或快速反应的能力。就一位历史学家来说，当其他人面对一大堆材料还没有什么发现的时候，某一个人就可能敏锐地或直觉地感到这里面会有什么重大的问题，或敏锐地感到此事不是这样而是那样，然后迅速地寻找材料来证实他的直觉。汤因比的"挑战与应战"理论首先是一种直觉加经验所得出的假说，但随后才被他人这样那样的证据逐渐证实。一些考古学家进行某些重大考古发掘时，在发掘到某些层面时会直觉地感到下面将会有惊人的发现，而其他人未必都有这种感觉。这与他们丰富的考古经验及知识有关，与发掘初期现场氛围对他们的影响有关，也与他们个人独特的思维方式或大幅度"跳跃式"的认识习惯有关。画家之不同于画匠，就在于他有可能运用自己的直觉想象，发现所描绘之客观对象背后的底蕴，从而有所创造。

但是，直觉毕竟带有浓重的主观成分，毕竟是一个比较粗糙、比较初步的心理过程。由于事物的复杂性、相似性和变动性，由于判断者的感情因素以及常常变化的外界影响，直觉也有可能是错觉。一位医生根据病人的各种相似病症表现，可能直觉地认为某位阑尾炎病人的病是急性肠胃炎，导致错误的诊断；一位断案者如果在潜意识里就对某一种人的言谈举止、衣着打扮先天地厌恶，他就有可能直觉地以为其作为罪犯的可能性较大。因此，一种直觉判断必须经过经验观察、逻辑推理等创造途径的检验。由此说来，在科学创造活动中，直觉产生的先期首先要有经验观察和逻辑推理的基础，产生后则要有它们的验证。

无论如何，直觉所导出的既可能是谬论，也可能是一个足以改变整个世界面貌或几代人思维方式的真理。

（三）

　　如前所述，历史学与其他科学分支相比有自己的特点。首先，历史学家无法通过经验观察历史从而进行逻辑思维，只有借助史料的中介；历史学家通常所做的是对史料这种"间接的历史"进行逻辑推理，他们经验观察的也只是这种"间接的历史"。但显而易见，各种史料不能反映"完全的"历史客观；另外，史料已被投入了史料记述者的主观因素；再者，史料的发现是逐步的，历史学家无法等待关于某个问题的史料全部被发现之后再做结论。这些就要求历史学家具有一种稍许独特的历史认知方式，而他们对历史的直觉判断就是不可避免的。考古学家在我国云南地区发现了腊玛古猿化石以及距今约170万年的元谋人化石，判断这一地区是世界人类最早的发源地之一。这一判断多少带有直觉的因素，因为有些缺环的问题并未解决。但正因为有这样一种直觉判断，考古学家才坚持在这个地区继续发掘，希望能有进一步的发现以逐渐证实上述直觉。

　　一个历史学家首先必须善于发现问题，甚至是从"铁案如山"的历史结论中发现哪怕是极微小的疑点，一切新的研究便由此产生。发现问题之后还要面对错综纷繁的史料，这些史料往往给史学家提供两种或两种以上结论的可能性。选择哪一个答案或哪一条路径，除了考订材料之外，需要史学家敏锐的直觉。梁任公《中国历史研究法》中举例说明时谈及对玄奘出游始自何年的考订，虽未必确定，却可窥出他的一些思维过程。他说各书关于此记载"皆云贞观三年八月，咸无异辞，吾则因怀疑而研究"[①]。既然异口同声，梁启超又何来怀疑？除以前研究的基础外，应是直觉让他觉得此处必有误。按他的说法，其"本无甚可疑也"，但根据玄奘于阗上表中的前后文，"吾忽觉此语有矛盾"，"忽觉"二字很说明问题。随后，他排列考订各种史料，通过逻辑推理确立他的假说。

其次，历史学研究绝不会仅仅停留在描述，而必会注重分析和概括。历史的描述出自史料，除了史料记述者的主观成分外，撰史者一般较少有意在描述中掺杂自己的主观成分，大体上依据可信史料进行客观叙述。但即使在此过程中，史学家的直觉和（依据知识及依据直觉的）想象仍是不可或缺的，除了前举鸿门宴外，《史记》记载项羽"力拔山兮气盖世"的人物性格，他在垓下之围中那种与虞姬的生离死别的哀婉气氛，甚至刘邦"大风起兮云飞扬"的豪言壮语，凭什么作者与读者都认为可信？我想应该是出自他们对整个历史氛围的直觉，这是由前述史料的特点所决定的。但是，历史学的发展早已把历史学家基于史实的概括和分析摆在了至关

---

① 梁启超：《中国历史研究法》，78～119页，北京，东方出版社，1996。

重要的位置上。所谓概括和分析，是指史学家并不停留在摆出事实这一步，而通过自己的主观思索，分析其人其事的前因后果、表象背后的支配性因素，摸索历史发展的规律等。这里一方面增加了历史学家主体的投入，加强抽象思维、逻辑推理；另一方面概括和分析所得出的东西往往是深藏在历史表象背后的捉摸不定的东西，直觉便也要起作用。清人戴名世引曾巩的话说："古之所谓良史者，其明必足以周万事之理，其道必足以适天下之用，其智必足以通难知之意，其文必足以发难显之情，然后其任可得而称也"[①]。可以明"万事之理""通难知之意""发难显之情"的史学家，必须有极广博的知识、敏锐的直觉，才能见他人所未见。当然，如果著史者并不欲摸索人间万物的规律、通晓潜在不露的底蕴、发掘史料中未直接揭示的种种内在因素（如人的心理因素、潜意识），就并不需要具备这种直觉的感悟力，当然其所撰之史则必非良史。

李自成农民军为什么在占领北京之后迅速失败？要探讨其原因，首先要在史料上寻找其蛛丝马迹。是因为起义领袖骄傲？是因为清军力量过于强大？是因为起义军战略错误？还是革命性太强、搞"追赃助饷"所致？史料证据是很重要的一方面，但究竟原因是什么、最主要的原因是什么，分析

---

① （清）戴名世：《戴南山集》卷一。

者的倾向性在一定程度上依赖直觉。为什么郭沫若《甲申三百年祭》认为原因是起义领袖骄傲的问题？恐怕这里面有主观直觉的因素。按传统人口统计，清代中期人口一下子达到4亿，而清初只有1亿多，这成为今天人口问题的基础。显然，我们分析它陡涨的原因很有必要。但传统中国的人口统计是不准确的，有学者认为这是因为"滋生人丁永不加赋"与"摊丁入地"政策所致，或是因为某些高产作物如玉米、白薯之类的引进所致，或是因为康乾年间较和平的发展环境所致等，都没有直接的证据。在没有重大突破之前要想做一暂时性的结论的话，恐怕也要依赖分析者的某种直觉。

再次，宏观史学研究对史学家的直觉提出了更高的要求，提供了驰骋的空间。所谓宏观史学，指的是历史哲学式的研究（无论是汤因比式的思辨的，还是分析批判的）以及对宏大历史场面的概括式研究，如保罗·肯尼迪的《大国的兴衰》之类，与之相对应的则是具体的、考实的、描述性的微观研究。黑格尔虽然崇尚理性思维而蔑视直觉，但在他的《历史哲学》中却免不了有主观想象、猜测和直觉感悟的成分。他有一段话常常被人们引用："大海给了我们茫茫无定、浩浩无际和渺渺无限的观念；人类在大海的无限里感到他自己的无限的时候，他们就被激起了勇气，要去超越那有限的一切。大海邀请人类从事征服，从事掠夺，但是同时也鼓励人类追求利润，从事商业。"① 这并不是完全从历史事实或逻辑推理中得出的，人类完全可能在大海的无限中感到自己十分渺小，引起恐惧。他认为"这种超越土地限制、渡过大海的活动，是亚洲各国所没有的，……像中国便是一个例子"，这个武断的结论基于他主观地认为"平凡的平原流域把人类束缚在土地上，把他卷入无穷的依赖性里边"。② 他这样一种见解源于一种方法观，即他所说"著史的人必须真正地放弃对于事实的个别描写，他必须用抽象的观念来缩短他的叙述，这不但要删除多数事变和行动，而且还要由思想来概括一切"③。有这种出发点的人是免不了主观想象和直觉感悟的。

这个反面的例子并不能把直觉因素在宏观研究中的作用全面否定。汤因比有个著名的"挑战与应战"理论是用来解释文明起源这个重大课题的。在解释之前，他警告说，"不要在研究活生生的人类的历史思想时，采用专门研究无生物的自然界的科学方法。……且让我们暂时闭起眼睛不看科学的公式，以便能让我们听得见神话的言语"④。至于这个并

---

① ［德］黑格尔：《历史哲学》，王造时译，92～93页，上海，上海书店出版社，2001。

② ［德］黑格尔：《历史哲学》，王造时译，93页，上海，上海书店出版社，2001。

③ ［德］黑格尔：《历史哲学》，王造时译，5页，上海，上海书店出版社，2001。

④ ［英］阿诺德·汤因比：《历史研究》上册，［英］索麦维尔节录，曹未风译，74页，上海，上海人民出版社，1966。

非完全出于经验而部分出于直觉的假说，我在一篇文章中略做了分析[①]，认为这个公式在文明起源问题上具有一定的科学意义，可以为中国文明发源地的一些考古证据所证实。

最后，史学的重要功能便是对未来的预测。预测虽然离不开经验事实的基础，但它又是一种猜测和预感，所以直觉在此中便大有用武之地。波尔说英国物理学家卢瑟福"很早就以他深邃的直觉认识到，复杂的原子核的存在和它的稳定性，带来了一些奇异新颖的问题"[②]。后者预感到原子物理学方面会有许多重大问题值得研究，便沿着这个思路走了下去。而人文学者、社会科学家既以发现规律、探索规律为己任，就正是为了鉴往知来。马克思、恩格斯主要是通过对当时现实的经验分析，在周密的逻辑推理的基础上，得出资本主义必然灭亡、共产主义是人类必然未来的预测。但共产主义究竟如何实现、实现后是什么状况，他们并不能准确详实地预言，他们的概述往往体现着天才的直觉。斯宾格勒通过文明"生、老、病、死"的假说，通过第一次世界大战前后西方世界痛苦的现实，提出"西方的没落"这样的预示；无独有偶，汤因比在"展望 21 世纪"的时候，不仅对西方甚为悲观，而且

[①] 参见赵世瑜：《汤因比与中国二题——兼谈一个历史方法论问题》，见北京师范大学历史系：《史学论衡》，148 ~ 161 页，北京，北京师范大学出版社，1991。
[②] 转引自周昌忠编译：《创造心理学》，202 页，北京，中国青年出版社，1983。

预示未来将由中国来统一世界,这些假说中均有直觉的成分。

人类社会的发展较之自然界有着变幻不定、不易把握的特点，人们根据经验事实或者逻辑推理所做的许多预测都有可能偏离未来的现实。因此，把握人类社会的发展规律应是一件不容易并需谨慎的工作。同时这也说明，即使是根据经验事实或逻辑推理所做出的预见，也会带有直觉的因素，因为做出预见的时候尚无事实的检验，同时根据同一现象的逻辑推理所做出的预测却可能迥然相异。应该说，对未来的预测离不开直觉。

（四）

我们应该承认，上述对史学中直觉作用的论证也有"直觉"的成分，因为历史学家——可能除了汤因比——不像自然科学家，从不明白道出自己的哪些作用、哪些结论是出自直觉或有直觉认识的作用。特别是在讲究"无一字无出处"的中国传统史学界，如果有谁承认这一点，就像是自己给自己抹上一脸秽物，玷污了历史学的圣殿。所以，要想找到史学家承认直觉的证据来支撑以上判断，难矣。

但是，马克思主义的科学认识论及创造心理学都承认直觉认识是一种客观存在，并不是唯心主义的先验论，而且在科学创造过程中又起着重大的作用。如果我们同时也承认历史学是一门科学，不仅与自然科学有一致性，而且有自己的特殊性，即是一门特殊的科学、认识的科学的话，我们就没有理由否认历史认识当中存在直觉思维，尽管迄今为止没有多少史学家承认这一点。相反，史学界的这种状况或许表明史学家过于漠视甚至轻视直觉思维的存在，导致史学作品缺乏灵性、缺乏火花，难以启迪他人，亦难以接近真理。一个画家与一个画匠的区别在哪里？就在于后者只能僵死地如实表现表象，不能大幅度跳跃式地思维，不能向更深更广的表象背后探索，揭示表象的深藏不露的底蕴。为什么古往今来从事历史研究的人不少，但大史学家屈指可数呢？他们的考据功夫、资料功夫恐怕相差不多，但眼界、知识面以及领悟能力就相差很大了，直觉认识就是后者的一部分。

那么，既然直觉认识能力在科学创造活动中如此重要，它有没有可能加以培养，或者说，在培养一位史学家的时候对此问题加以注意呢？由于直觉产生的生理、心理机制尚未得到完全科学的解释，我们不可能像培养人的逻辑思维能力一样培养人的非逻辑思维能力、无意识思维能力。但我们大体可以说，直觉的产生以丰富的知识积累、广阔的知识面为基础；直觉的产生就是通过一个偶然事件把各个知识角落里暂时搁置无用的东西一下子串联起来，所谓触类旁通。如果知识贫乏是不可能引发直觉的，而历史学面对的对象包罗万象。对政治、经济、文化、军事、法律各方面，对不同地区不同时代都有所了解，历史认识才可能有创造性；只了解一人一事是无法概括出历史规律的。简言之，博闻强记有助于直觉的产生。其次，直觉的产生要求丰富大胆的创造性想象和快速反应的能力，还要求丰富大胆的联想能力。如果养成"无一字无出处"、没有确凿直接的证据就不敢下结论的习惯，如果对问题反应缓慢，如果只是拘泥于就一事论一事，不敢举一反三，也无法产生那种高速突发的跳跃性思维。最后，讨论、辩论即广泛进行信息交流亦有助于直觉的产生，所谓触发直觉或灵感的那个东西就有可能来自他人的思想、话语甚至是相互激烈争论之中。

显然，直觉认识能力的培养和产生都需要一个较缓慢长期的、潜移默化的过程，它成为历史学家认知结构的一个组成部分乃至发挥作用，是"随风潜入夜，润物细无声"的。我们不能要求所有人都能做出符合客观实际的直觉判断，但应该把直觉认识能力的具备作为追求的更高目标。至于直觉认识的结果，由于这种认识自身的特点以及历史认识的特殊性，我们就更不能对它是否一定正确无误加以苛求，它需要得到进一步的、谨慎小心的检验。

（本文原刊于《史学理论研究》，1995 年第 1 期）

谈古论今

◎ 长城：消逝与永存 [1]

康熙三十年（1691）四月，外藩蒙古土谢图汗终于表示向清朝臣服。

康熙皇帝亲自率军前往多罗诺尔（又称多伦诺尔，今多伦县）与之相见。这个地方是元代的上都，明初又曾设开平卫，故而具有非同寻常的象征意义。

当各项礼仪相继完成，对喀尔喀蒙古的统辖和安置也已明确之后，康熙皇帝出宫阅兵，亲自搭弓射箭，十矢九中。接着康熙又命火器营枪炮齐发，震慑得土谢图汗等蒙古王公惊恐失色。得意之余，康熙皇帝对身边的大臣感慨道："昔秦兴土石之工，修筑长城。我朝施恩于喀尔喀，使之防备朔

---

① 本篇系纪录片脚本。

方，较长城更为坚固。"

这便是历史上著名的"多伦会盟"。

等到皇帝回到京城后的第三天，工部官员请示说，古北口总兵蔡元报告，古北口一带边墙倒塌严重，请求修缮。也许这位总兵知道皇帝刚刚从边外回来，目睹了长城损毁的情况，会批准这项工程，但完全不了解此时此刻康熙皇帝对于长城的看法。

康熙皇帝对大学士们说：

蔡元所奏，未谙事宜。帝王治天下，自有本原，不专恃险阻。秦筑长城以来，汉、唐、宋亦常修理，其时岂无边患？明末我太祖统大兵长驱直入，诸路瓦解，皆莫敢当。可见守国之道，惟在修德安民。民心悦则邦本得，而边境自固，所谓众志成城者是也。如古北、喜峰口一带，朕皆巡阅，概多损坏，今欲修之，兴工劳役，岂能无害百姓？且长城延袤数千里，养兵几何，方能分守？蔡元见未及此，其言甚属无益。

康熙皇帝的话不无道理，但却只是大道理。只有在特定的优势条件和情境下，这些道理才有意义。因此，它无法抹去长城在过去的上千年历史上留下的痕迹。

公元前 8 世纪 70 年代的一天，西周骊山一带的连串烽埃燃起示警的烽火，鼓声隆隆，烽烟滚滚。

据司马迁在《史记·周本纪》中记载，周幽王宠爱的妃子褒姒常年没有笑容，周幽王为了博取她的一笑，接受了佞臣的建议，点燃了烽燧，各个诸侯国以为是犬戎来袭击，纷纷率兵来救，不料并无此事，一时人马纷乱，惹得褒姒露出笑容。后来犬戎真的来袭，周幽王再举烽火，却再没有诸侯愿意上当，周幽王于是被杀于骊山。

第二年，继位的周平王迫于西戎的压力，从镐京迁都于洛邑（今洛阳市），西周的统治就此结束。

后人常以为长城起源于战国时期，那时北方各国如齐、赵、燕、秦等纷纷修建长城以设防，其中早期兴建的各国长城目的在于相互间的防御，如齐长城最初是为了防鲁，后来是为了防楚；秦、赵早期的长城在于防魏，而魏国的河西长城则在于防秦。直到公元前4世纪末的秦国、燕国和赵国，才以长城防备北方的匈奴和东胡。如果脍炙人口的孟姜女传说的原型杞梁妻哭倒的真是齐长城的话，那倒与防范北方游牧民族的长城毫无干系。

不过，正如烽火戏诸侯的故事所显示的，以修建长城来防备游猎民族的历史还可追溯得更远。

公元前2000年到公元前1000年，由于全球气候的变冷，出现了一个普遍干旱的时期。自然环境的变化使人类的生存方式和分布地域发生了改变，在今天的长城沿线地带，人们多采用游牧和渔猎的生存方式；在更南的地区，也分布着许多半农半牧的族群。今天的陕西、山西、河北的山岳地带，成为一个资源竞争激烈的区域。因此，殷商时期的鬼方、土方，西周时期的戎、狄与商、周腹心地区相距不远，正是这一环境变化的结果。

比如西周时期的晋国及其前身唐国，地处今天晋南的浮山一带，即太岳山（霍山）的南麓。据考古学者的看法，这里是中原文化区与北方文化区的分野。大约是由于晋国的开国者唐叔虞及其继承者"启以夏政，疆以戎索"逐渐取得成效，戎狄逐渐北退；特别是到晋文公成就霸业的时代，晋国的势力范围已经大大超出了晋南一带。即使是晋文公，他的母亲是大戎狐姬，自己流落于狄的12年中，也娶了狄人之女——季隗。

周人的祖先本来就与从事游猎的戎狄有千丝万缕的联系，只是因为从事农业而逐渐发展出不同的文化。到古公亶父的时代，由于受到戎狄的不断侵扰，不得已迁到了岐山南面一个叫豳的地方定居。据《史记·周本纪》记载，他"贬戎狄之俗，而营筑城郭室屋而邑别居之"，从此形成一个有别于戎狄文化的新的族群。

自西周建立以后，周王朝不断与犬戎交战，周幽王的父亲周宣王还败给了"姜氏之戎"。所以在《诗经·小雅》里，就有了"天子命我，城彼朔方；赫赫南仲，猃狁于襄"等诗句。因此有学者认为，现存宁夏固原的秦长城，实际上是建立在周宣王时代所修长城基础上的。

周幽王就没有这么幸运了，不过他的死昭示着崇尚文治的"华"族与崇尚武力的"戎"族之间文化分野的加深，也昭示着双方争夺生存空间的冲突加剧。有意思的是，在犬戎攻打西周时前来救援的诸侯中，有位来自今甘肃天水一带的秦人首领。周平王东迁后，为了酬答他救助的功劳，就把他升为诸侯，治理周朝已经无力控驭的岐山以西地区，于是这位秦襄公就成为后来大修长城的秦朝的开国始祖。

公元前 5 世纪前后气候的转暖，不仅使中原的农耕民族开始了他们的技术进步和制度变革，也使草原民族恢复了活力。

当中原各国开始使用铁器和牛耕来提高农业生产力、并且兴修水利设施来加强灌溉的时候，在北起外贝加尔、南至大漠，西起杭爱山、东抵大兴安岭的广袤区域内，草原民族不仅已经使用青铜武器，而且铁器也开始流行。在这一地区发现的墓葬中，除了上述器具外，还有大量陶器和牛羊的头、蹄，地面建有方形围墙，文明发展到较高的程度。特别是当他们进一步南下占据阴山、鄂尔多斯一带的肥沃土地之后，与农耕文明发生了接触，各个文化相近的族群终于合成一个被称之为"匈奴"的北方草原民族的联盟。

从此，延续了将近两千年的北方民族与中原民族之间的对峙拉开了帷幕，我们的主角——万里长城——也即将登上历史舞台。

在胡汉民族的交往史上，常被后人津津乐道的一件事是赵武灵王的"胡服骑射"，并可以与约800年后鲜卑人拓跋宏改汉俗相提并论。事实上，中原民族和地中海沿岸的文明古国一样，都是长袍加身；而他们面对的匈奴或者斯基泰人却穿裤着靴。当更加灵活机动的骑兵战术在战争中明显优于战车阵的时候，改变装束实在是一件自然不过的事。此前，赵武灵王的先人就先后灭掉狄人建立的代国（今河北蔚县），打败同样是狄人的中山（今河北中部）和林胡（今山西北部），具有不同习俗的民族近距离相处，也使变革有了很好的基础。也许，赵武灵王变服改制的阻力主要来自恪守中原礼制的贵族，而对于广大讲究实用的下层民众来说，本来就没有太大的心理障碍。

和赵国同处北边的燕国也有类似的情形。《墨子》在《非攻》和《兼爱》篇中都把"燕、代、胡、貉"并列，可见这里的不同族群具有相近的文化。有个叫秦开的人年轻时被送到东胡去做人质，还被后者授予"勇士"的称号。后来他逃回燕国，成为大将。由于他深谙东胡的风土人情和军事虚实，于公元前 300 年之后率燕军击破东胡，取地两千余里，直达鸭绿江边。今天在辽宁的朝阳、沈阳和内蒙古的赤峰，都能见到典型的战国中期的燕文化墓葬。

于是，司马迁在他的《史记·匈奴列传》中分别有这样的记载："赵武灵王亦变俗胡服，习骑射，北破林胡、楼烦。筑长城，自代并阴山下，至高阙为塞。……燕有贤将秦开，……归而袭破走东胡，东胡却千余里。……燕亦筑长城，……以拒胡。"

需要注意的是，游牧民族的频繁南下并不是这时的主旋律，相反，更多的是中原政权的主动出击。原来同处中原的一些戎、狄、东胡族群，就是被中原政权所迫，日益北退，最终加入以匈奴为代表的草原游牧群体之中。因此，在汉代以前，长城与其说是中原政权的一道巨大的防御工事，不如说是他们开疆拓土的桥头堡。

尽管以赵国为例，长城不仅外拒胡人，也内拒秦、魏、齐。长城的目的是拒敌，而非仅仅是针对游牧民族。但赵国和燕国东起辽东、西至五原以北的长城，毕竟成了秦朝长城的重要组成部分。

不过，这一时期的此类壮举并不只是长城，可以与之相提并论的壮举还有在四川兴修的水利工程都江堰、沟通湘江和西江水系的灵渠。这些水利工程之所以够得上壮举的称号，就在于它的影响同样是从那个时代一直延续了两千多年，惠及苍生。但是，这些地处西南的水利工程似乎无论如何也无法与横亘北方的长城发生联系，这就需要我们更多地从象征的意义上去发现它们的内在关联。

其实，我们早在春秋战国时期就可以发现它们的伴生关系。在齐桓公"尊王攘夷"的时代，辅佐他成就霸业的管子非常重视农业，"开沟洫"是其中重要的方面。他曾劝说齐桓公，要设立大批负责水利的官员，因为水灾会给农业带来大害。战国时期中原的水利工程就更多了，著名的如鸿沟、郑国渠等，成为当时各国普遍"奖励耕战"的重要内容，而郑国渠、都江堰和灵渠又都是为秦所修。与此同时，长城的雏形也现身于世，这似乎并非偶然。

灌溉农业对水的利用集中体现了人的强大意志，他们把江河之水分别引入人工沟渠的网络，改变它们的自然流程，农业才可能在广袤的土地上发展起来，而不只局限于一个狭小的区域之内。自然水体的改变一定导致水中生物生存状况的改变，也会导致靠水浸润滋养的地表植物生存状况的改变。这样，靠渔猎和游牧为生的民族生存的环境就必然受到影响。于是，那些"逐水草而生"的人群绝不希望江河的自然流程遭到改变，这就与发展灌溉农业的民族形成了尖锐的对立：当草原变为农田之后，牧场便不复有，反之亦然。

于是，长城便具有了大堤坝的意义，它保护着它以南的整个灌溉农业，后者就像坝内的农田；但它实际上也保护着它以北的草原社会，后者就像坝外的江河。对水的不同利用方式造就了不同人群的不同生计方式，水利工程与长城这个军事工程就因此具有了先天的血缘联系。

公元前 221 年，秦统一六国。

两千多年后的 1974 年，陕西临潼的农民不经意间发现了为秦始皇陵制造的大约数千尊兵马俑。由步兵、骑兵、战车和弓弩手组成的战阵，已经直观地显示了秦军的战斗力，让我们很容易想象他们在此前长平之战等著名战役中取胜的景象。

于是，"秦已并天下，乃使蒙恬将三十万众北逐戎狄，收河南。筑长城，因地形，用制险塞，起临洮，至辽东，延袤万余里"[①]。

后世把秦帝国、秦始皇与长城联系起来的最脍炙人口的故事，是孟姜女哭长城的传说。通过 20 世纪最伟大的历史学家之一顾颉刚的考证，孟姜女的原型是战国时齐国的杞梁妻，与秦没有任何关系，也与后来的万里长城没有关联，人

---

① 《史记》卷八八《蒙恬列传》。

们沉溺于对孟姜女凄苦命运的同情，忘记了这个故事的中心在于对帝国徭役制度的不满——事实上，中国王朝史上许多强势王朝的崩解，都与国家的徭役制度有关，而不在于所谓地主的剥削。其中最为典型的，除了秦朝以外，还有隋朝、唐朝、元朝、明朝等。

从战国以后，西周的分封制逐渐瓦解，个体农民获取土地耕种的代价是向国家缴纳赋税，或者向地主缴纳地租，但是他们还被要求无偿地为政府提供徭役，这当然与他们自耕农的生产方式形成冲突，不仅耽误农时，而且折损了大量的劳力，更激发了他们对社会公平的向往。

譬如隋朝，不仅营建长城，还大修宫室，开凿运河，北征高句丽，数以十万计的农民长期无法从事本业，加之死亡的威胁，不得已揭竿而起。唐朝军事行动频仍，强盛时开拓西域，危机时不仅有安史之乱、藩镇割据，还与吐蕃、南诏交恶，军力动员规模很大，初唐的边塞诗、杜甫的《兵车行》《石壕吏》都是证明，这就不难理解孟姜女故事在唐朝的成型。

元朝也是个典型的代表，政府把百姓的户籍分为军、民、匠、灶、站等数种，就是为了让他们世代从事特定的赋役，不得随意脱籍，而这又被明朝继承下来。这些户的户主并不是现实中的家长，而是官府赋役花名册上缴纳赋役的代号。元末、明末的大起义之爆发，都与繁重的兵役、徭役直接相关。

因此，孟姜女故事的每一次转变，不仅与大规模修造长城的朝代相关，也与那些徭役沉重的时代相连。而徭役问题的淡化，是到了清代，到这个时候，长城也不再修葺。

长城作为华夏族及汉族认同的象征，并非子虚乌有。从春秋战国到秦，中原地区的戎狄各族已被从事农耕的华夏族向北、向西逐赶，除一部分融入华夏族之外，其余部分则放弃了他们原来的农耕生计，融入北方鄂尔多斯以北，或者河湟以西以游牧为生的草原民族。在秦汉之际冒顿单于崛起之后，大部分游牧部落都被统驭于匈奴之下。汉朝建立之后，这种族群的文化分野借由长城的扩建而得到强化。

汉代史学家司马迁在《史记·匈奴列传》中记录了汉文帝给匈奴的一封书信，其中说道："先帝制：长城以北，引弓之国，受命单于；长城以内，冠带之室，朕亦制之。"汉文帝还同时下令："匈奴无入塞，汉无出塞。"长城由此成为区别不同族群的标志。

与此同时，汉朝人还为强化族群的认同做了大量的工作。比如在先秦时期只是区域性传说人物的大禹，到了汉代已被塑造成为正统的夏朝的奠基者，是代表天下的"九州"疆域的确立者，他治水的事迹已经遍布全国。而在先秦时期很少被儒家经典提及的黄帝，这时也被赋予了至高无上的地位。在《史记》中，无论是传说中的上古圣王尧、舜、禹，还是夏、商、周三代，都在司马迁建立的系谱中被确定为黄帝的后裔。

于是长城就成为有这样的共同祖先的汉人族群之北部边界。

秦汉王朝的草原敌人匈奴，被认为与上古时期文献记载的猃狁（xiǎn yǔn）、荤粥（xūn yù）有族源的关系，从罗马人和印度人用来称呼匈奴的 Hun 也可看出读音上的相似。在东汉史学家班固的笔下，匈奴的特征是"……贪而好利，被发左衽，人面兽心，其与中国殊章服，异习俗，饮食不同，言语不通，辟居北垂寒露之野，逐草随畜，射猎为生，隔以山谷，雍以沙幕，天地所以绝外内也"[①]。这种文化上的鄙视固然表明了匈奴人生活方式的一些特征，但更多地体现了汉人居高临下的文化态度，并不足以让后人了解匈奴的真实生活。

考古学家们发现，今天在鄂尔多斯和河北北部发现的青铜器多为武器和马具，饰有马、鹿、虎、熊等动物的图案，大约与战国时期同时代，鲜明地表现了草原生活的风格。甚至战国时期中原青铜器风格的变化，也极大地受到匈奴艺术的影响。这种文化上的成就伴随着政治组织体系的成熟——单于、左右贤王、左右大将、左右大都尉、左右大当户、左右骨都侯……构成的权力结构，确立了匈奴在欧亚大陆中部

---

① 《汉书》卷九四《匈奴列传》。

草原上的强势地位。

公元前 2 世纪前期匈奴的强盛，并不仅体现在汉高祖刘邦被困白登（今山西大同附近），被迫以和亲换取和平，还体现在冒顿单于西击大月氏，逼迫其西迁上。大月氏曾经居于祁连山与天山之间，即今甘肃西部至新疆东部一带。公元前 174 年前后（汉文帝初年），匈奴冒顿单于派右贤王领兵西征，击败月氏，其大部被迫逃至今伊犁河、楚河流域。公元前 174 年至公元前 161 年，匈奴老王单于协助乌孙西击月氏。月氏人再度西迁，越天山和帕米尔西部，至妫水（即阿姆河，今乌兹别克斯坦、塔吉克斯坦与阿富汗之间的界河）流域，征服了当地的大夏人（巴克特里亚人），并最终定居下来。

巴克特里亚已是马其顿的亚历山大大帝的后裔所建希腊势力的范围。按照欧洲史学家的看法，月氏人的迁徙是各族大混乱和横扫东伊朗的游牧民浪潮的标志，匈奴的这两次军事行动引起了连锁反应，它使阿富汗地区失去了希腊化特征，消除了亚历山大远征给中亚地区留下的痕迹。[1]

匈奴在草原上的胜利被汉武帝所终止，汉代长城的修建

---

[1] 参见 [法] 勒内·格鲁塞：《草原帝国》，蓝琪译，项英杰校，北京，商务印书馆，1998。

也主要是在汉武帝对匈奴的战争取得胜利之后。

公元前127年，卫青、李息分别率兵袭击匈奴右部，夺取河套。其后便在此设立朔方郡，修缮阴山以西的秦长城西段。公元前121年，霍去病在河西之战中彻底打垮匈奴势力，夺取河西走廊，并在这一地区先后设立武威、酒泉张掖、和敦煌四郡，相应地修建了令居（今甘肃永登）到酒泉，以及酒泉经敦煌到玉门的河西长城。公元前119年，汉武帝又派卫青、霍去病等出兵漠北，再次取得大胜，阴山以东至辽东的秦长城再次得到加固。

除此之外，西汉又在阴山到酒泉的长城以北加修了一道长城，史称"外长城"，其中一部分称为"光禄塞"，本身又是南北平行的两条，东起内蒙古的大青山北麓，内侧的一条折向西南，与额济纳旗境内的居延塞长城相接；外侧的一条则一直继续向西延伸，使得河套以北有三道长城为屏障。另一部分长城称为"居延塞"，也称"遮虏障"，南起今酒泉以北的河西长城，沿弱水北上，至居延泽（今居延海）与光禄塞长城相连，使得河西地区以北也有两道长城为屏障。

除了加固已有的秦长城外，河西长城及外长城的修筑还具有极大的意义。

河套地区是匈奴的发祥地。阴山草木茂盛，又有铜冶可制弓矢，汉初匈奴数度南下，均以此为根据地。河西走廊地处祁连山下，水草丰美，连绵的草原为游牧民族提供了良好的牧场，匈奴统一各部后，这里也是其政治、经济的中心。西汉夺取了河套和河西，在这里设立郡守，修筑长城，极大地缩小了匈奴的游牧空间。从考古发现的这一时期的匈奴文物中可以知道，更为荒凉的外贝加尔地区成为匈奴物资补给的中心。故而后者凄凉地哀歌："亡我祁连山，使我六畜不蕃息。失我焉支山，使我嫁妇无颜色。"①

汉代将势力扩展至河套与河西，不仅为都城长安增加了可以互为犄角的屏护，为丝绸之路的开辟提供了保障，也为日后中原王朝在这些地区的统治奠定了基础。1927年，在今内蒙古自治区西北部额济纳旗的汉代烽燧沿线，瑞典考古学家贝格曼因钢笔滑落，不经意间发现了数以千计的汉代简牍，即著名的居延汉简。此时以及后来陆续出土的简牍为我们展示了当时河西长城区域开发的面貌。

建武三年（34），甲渠候官粟君向居延县令起诉该县居民寇恩欠债不还。②诉状上写道：上年十二月中旬，他与下属令史华商、尉史周育雇佣寇恩运送5000条鱼去卖，酬劳为一头牛、27石谷子。结果寇恩买完只交回32万钱，而且他卖鱼时借走一头黑牛拉套，现在却把牛也给卖了，拿抵佣

---

① 《匈奴歌》（《太平寰记》卷一五〇，《乐府诗集》卷八四，《云麓漫》卷一，《尔雅翼》卷三，《古诗纪》卷一八）。
② 见《居延汉简》，其下为作者译文。

金的黄牛来还，但两头牛价值差 20 石谷子。于是粟君要求寇恩还钱 8 万及价差 20 石谷子。

县令收到诉状后，将此案移送被告寇恩的所在都乡，乡啬夫立刻询问了寇恩。寇恩的说法是：粟君原先说黄牛、黑牛虽然个头不一，但价值相当，均按 60 石定价，任由其挑走一头，所以不存在借牛，而是抵佣金。因为鱼没卖到 40 万钱，就卖掉黑牛，把 32 万钱交付了粟君的老婆业。寇恩和业一起去卖鱼，回来时候还为她赶车，在路上走了 20 多天，中途又给业买了若干肉和谷，总计谷 3 石、钱 15600。不仅赶车工钱没算，还把一个值一万钱的大车轴、一个值三千钱的大竹笥、一个值六百钱可装一石粮食的去卢、两根值一千钱的绳子等器物全留在业车上，由业带回家去了。另外他儿子寇钦为粟君捕了三个月零十天的鱼，却一直没拿到工钱，按当时雇工基本价是一天 2 斗谷，工钱合计应该为 20 石谷。市场谷价是一石四千钱，寇钦的工钱刚好与寇恩欠粟君的钱相当，所以并不存在欠债的情况。据此，啬夫判断寇恩并不欠粟君的债。

粟君当然不服，又将此案上诉到兼有军事和行政管辖权的居延都尉府，居延都尉府下令让居延县再次详细勘问。于是居延县又令乡啬夫对这事件进行复核，但寇恩依然坚持原词，啬夫便据寇恩供词再次写成文件上报居延县，居延县又如实上报甲渠候官。

此案的最终结局如何，简牍中并无记载。但我们从卖鱼的数量和连续捕鱼三个多月的时间可以看出，弱水和居延泽当时的水量还相当丰沛，构成一块巨大的绿洲。这不仅为点燃烽燧提供了丰富的芦苇和水草，更重要的是为这里延续了二百年的屯田耕作提供了灌溉的水源。

本案的主人公之一寇恩，自称是颍川昆阳人，说明他来自河南，到此地开发定居。我们不清楚他是普通的农民还是屯田军士，但他确是数以万计的内地移民之一员。通过简牍，我们知道仅居延地区就曾聚集了四万四千多开发者，而他们每年近百万石的口粮就来自这一地区的屯垦。根据本案，屯垦生产的粮食不仅要满足人们的食用，甚至还可能有余粮投入市场。

这样的状况使我们对居延地区在当时的开发程度有了更加直观的认识，我们才能够理解，为什么这里成为汉朝向西北扩展的根据地。汉武帝时期李陵北击匈奴失利，引起朝中的轩然大波，司马迁也正是为李陵辩护而遭受宫刑，而李陵北征的五千兵马及辎重军需则正是从这里出发的。

更引人注目的是，从本案的司法程序来看，这个取自匈奴的边塞之地在设立郡县之后，日常管理已与内地类似，王朝制度已随机构建立和人口拓居在边疆地区扩展开来。虽然在以后的岁月里，这些早期的制度曾经中断，但我们不能相信这一过程的文化影响已全随大漠孤烟消逝干净。

4—6世纪，曾被过去的中国史学家略带贬义地称为"五胡乱华"时期。在这一时期，以往草原上的主角匈奴已经基本上退出历史舞台，代之而起的是起源于兴安岭的鲜卑人，后者接连打败了蒙古草原上的北匈奴人和伊犁河畔的乌孙人，进一步向南威胁中原。在4世纪的中国北方，出现了由北方族群建立的多个政权并立的十六国时期，这一时期的结束者就是鲜卑拓跋氏建立的北魏。

　　秦汉长城作为帝国开疆拓土的标志，间隔了东汉和魏晋，到北朝时期又被再度接续，而兴修长城的发动者却是来自长城以外的鲜卑人，这便使那个北方民族入主中原后没有兴趣修筑长城的说法打上一个大大的问号。

　　北魏先后在平城（今山西大同附近）和洛阳建都，它修建长城的目的在于防范蒙古戈壁草原上的柔然。柔然大体亦与鲜卑同源，在4世纪末北魏全力向中原发展的时候，柔然趁机在当年匈奴的故地扩张势力，迅速统一漠北，在5世纪初建立了可汗王庭，而这正是北魏在平城建都的同时。

　　有意思的是，两个同源的北方族群选择了完全不同的历史走向：一个放弃了北方故地，趁中原动荡而向汉地发展；另一个则继承了匈奴的衣钵，在北魏放弃的草原上发展势力。他们双方频繁征战，汉匈之间长期对峙的历史似乎再次重演。424年，柔然趁北魏太武帝拓跋焘少年登基，使其陷入50

多道重围，但被后者成功击破。此后拓跋焘十数次北伐柔然，并在429年大败之，使其"国落四散，窜伏山谷，畜产布野，无人收视"①。

当然，这次沉重打击并未使柔然在草原上烟消云散，他们只是从并立的状态变成弱势，因此北魏及其后继者东魏、北齐和北周都相继有修长城之举。423年，北魏首次大修长城，即今独石口至包头以西，显然是为了防范柔然，但次年便有柔然的大规模入侵。东魏长城在今山西中北部的管涔山—恒山一线，主要也是防范柔然等北方民族，但防线显然比北魏时大为退缩。

北齐在兴修长城方面颇下功夫，共建有五道长城，除修筑西起今陕北榆林、东至山海关的北长城外，在今山西北部、北京至河北各建有一道内城，在今山西太谷南、河南各建有一道南长城，以抵御西魏、北周和突厥来自南北的入侵。这不禁让我们想起了战国时代，那时不仅有抵御匈奴的长城，也有列国之间互相防御的长城。

北周的长城西起雁门，东至碣石，大体借了北齐长城的原址，用以防范代柔然而起的突厥。

大约1200年后，入主中原的满洲人没有像他们的东北祖先那样修筑长城，认为他们通过怀柔政策笼络了蒙古草原

---

① 《北史》卷九八《蠕蠕传》。

上的游牧部族，便比长城还要坚固。难道鲜卑人及其子孙就没有这样的见识，还是他们的本事不济？

往事越千年，我们对历史上的许多奥秘已无法确知。我们已无法真实而全面地理解不同时代的行为者采取不同做法的动机。比如，我们对北魏时代留下深刻印象的并不是它的长城，而是云冈和龙门的石窟，是栩栩如生的佛教造像和精致的佛塔，这究竟表现了怎样的文化特质？

无论如何，从北朝各代所修长城的遗址来看，其西部终点远远无法与西汉时期的长城相比，而北部一线又往往向南退缩，因此这些长城显然不同于其在秦汉时期的先驱，并不完全是开疆拓土胜利果实的卫士，而是一种防守态势的产物。

他们之所以对外采取防守的态势，而不能积极进取，则在于他们的国力始终没有足够强大。即使最为强大的北魏，也并未能如后世的清朝那样一统天下，从而有充足的人力、物力作为开辟"新疆"的后盾；他们在拓跋焘时代虽多次大败柔然，但始终没有能将其势力从草原上彻底铲除，这很像后代的明朝之于蒙古，却与彻底削平准噶尔的清朝迥然相异。

在对待长城的态度上还可以与以后的明朝和清朝相比的，是重新一统天下的隋朝和唐朝。

隋朝于589年结束了南北朝的对立局面，但早在此前，居住在阿尔泰地区的突厥人强大起来，在552年打败了柔然，占据了整个蒙古草原。不久，突厥分裂为东、西两个汗国，前者在蒙古草原游牧，后者则占据了从准噶尔、伊犁河流域到怛逻斯河流域的广大地区。东突厥与当时中原的北齐和北周关系密切，而西突厥与拜占庭帝国多有往来，成为欧亚大陆东西两端之间的重要中介。

隋朝对突厥的对策并非战争，一方面通过挑拨其关系引起内部争斗，削弱其实力；另一方面采用"严治关塞"的政策，令"缘边修堡障、峻长城以备之"。

据《隋书》记载，从隋朝建立（581）到其灭亡前10年（608）之间，曾动员大批民力，7次修筑长城。其中规模最大的一次，是大业三年（607），"发丁男百余万筑长城，西距榆林，东至紫河（山西左云西苍头河）"。历次所修长城的主要走向，大致为由今宁夏灵武经陕西横山、绥德，越黄河后经山西离石北、岚县境抵居庸关，再经密云、蓟县（今北京市西南部）、卢龙至秦皇岛海边。

隋代长城多系利用前代长城旧址加以修缮，所以修筑次数和动用劳力虽多，但每次实际作业时间却很短，多未超过一个月。如开皇元年（581）、六年（586）、七年（587）和大业三年（607）各次修城，文献均明确记载为"二旬而罢"。因而其象征意义大于实际功用。

如果说隋朝的举动类似明朝的话，唐朝的方略就很类似清朝。624年，唐初社会还很凋敝，李世民就凭借他过人的勇气打败了前来示威的东突厥颉利可汗。到他即位之后，国力逐渐恢复，并在630年派大将李靖、李世勣在蒙古草原上围歼突厥，最终俘获了颉利。在此后大约50年间，东突厥臣服于唐。在和硕柴达木湖畔的一块突厥碑上这样记载："贵族子弟，陷为唐奴，其清白女子，降作唐婢。"[①]

在强大的国力基础上，在主动出击和重兵戍边的战略前提下，唐太宗李世民说过这样一段话："隋炀帝不能精选贤良，安抚边境，惟解筑长城以备突厥，情识之惑，一至于此。朕今委李世勣于并州，遂使突厥畏威遁走，塞垣安静，岂不胜远筑长城耶。"[②]熟悉清史的人会发现，这段话与一千多年后的清朝康熙皇帝不屑于修长城的话惊人地相似。

隋朝不仅修筑长城，而且修筑了另一个重要的工程——大运河。这条连接钱塘江、长江、淮河、黄河与海河五条水系的人工水道，与长城一横一纵，构成两道重要的景观。

从表面上看，运河与长城毫无干系，前者是把政治中心所在的北方与作为财赋重地的南方相连接，后者则是把农耕地带与草原地带相分隔，二者的确是风马牛不相及。

隋炀帝大业四年（608），连接黄河与涿郡的永济渠开凿。

① 岑仲勉：《突厥集史》下册，880页，北京，中华书局，1958。
② 《旧唐书》卷六七《李勣传》。

永济渠主要是利用了曹魏时期开凿的白沟，引沁水，连接淇河、卫河等天然河流，通过今河北平原；北通涿郡的一段，则利用一段沽水（白河）和一段㶟水（永定河）到达涿郡郡城蓟县（今北京）南。全长二千多里，是为大运河的北段。

隋炀帝开凿永济渠，是为了往辽东运送军事物资。此前一年，他曾前往蒙古草原怀柔东突厥启民可汗，后又西出玉门关，在青海重创吐谷浑，在长城以外取得优势地位。恰在启民可汗的牙帐之中，隋炀帝见到了高句丽前来突厥通好的使者，而高句丽则是当时边境上比较强大而又未与隋建立朝贡关系的唯一政权。

在北朝时期，由于中原板荡，不少人口流入高句丽，高句丽也趁机扩张实力，势力范围已达辽河流域，朝鲜半岛上的百济、新罗已无法与其抗衡，辽东的靺鞨、契丹也不能对其构成威胁。因此，当隋炀帝在东突厥那里看到高句丽使节，立刻引起警惕。隋与高句丽相互猜忌防范，特别担心东突厥与一方勾连，对另一方不利。隋开永济渠准备对高句丽用兵，就是这种形势下的产物。

隋朝三征高句丽以国内民众的反抗及高句丽的抵御而告失败，但为安定北部边疆而开凿的永济渠却在后世发挥了相同的作用。后周世宗北伐契丹利用了这段运河；明代迁都北京后以"天子守边"，也全赖运河将南方的物资北运，来保障京城和北方边镇的稳定。这条贯穿南北的运河就不可避免地

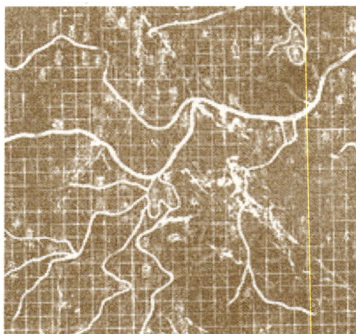

禹迹图

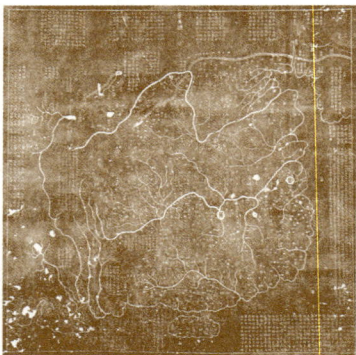

华夷图

与长城地带发生了联系。

今天的西安碑林博物馆中收藏有宋代的一幅石刻地图，一面是《禹迹图》，另一面是《华夷图》，两幅图为同一年（刘齐阜昌七年，南宋高宗绍兴六年，1136）所刻，《华夷图》要晚刻三个月，也许是刻完前者之后再刻的后者。该幅石刻地图原在陕西凤翔岐山的县学，说明它的制作已经在金人的势力范围，但显然还是展现了北宋人的观念。如果二者是为相互配合而刻制的，那么可以说，《禹迹图》是显示华夏中心的地图，《华夷图》是表现"中国"即包括中心与边缘的地图。此外，二者的不同之处还在于后者刻有大量文字说明。

有趣的是，在《华夷图》上，第一次出现了长城，不但华北有长城，西部的居延也有长城。对长城的标示方式是城堆上的垛口，这种方式也被我们沿用至今。有学者推测，《华夷图》很可能是根据唐朝贾耽的《海内华夷图》绘制的。但贾耽的《海内华夷图》早已失传，上面有没有长城，已无法确知。

已有历史地理学者发现，在今日尚存的宋代全国地图上，大多画有长城的标识，如保存到今天的《历代地理指掌图》是一部包含40多幅地图的地图集，几乎张张地图画有长城。他们还发现，宋代并不是一个修建长城或利用长城进行防御的朝代，但宋人的地图上却普遍出现长城，这说明宋人希望长城"活"起来，以遏胡马而雪破国之恨。

我们已不知道宋人是否希望或打算修建长城，关键是他们已不可能修建长城，因为长城地带的相当一部分从五代时就已在契丹人的控制之下。在此后的200年中，它大多不在北宋或南宋的版图之内，但我们也没有见到辽、夏、金留下标示出他们各自长城的地图。也就是说，长城对于宋人来说，类似汴梁之于《东京梦华录》的作者孟元老。因此，他们在地图上标示长城，对他们自己来说，象征的意义大于实际的意义。

成于两宋之际的《禹迹图》和《华夷图》当然也不是具有指路意义的地图，它们好像是不同时代的中国形势示意图。事实上，这两幅图放在一起，一定有特定的意义。《禹迹图》

表现的完全是上古传说中的九州，也即"中国"或华夏中心。如果是这样，《华夷图》所展现的王朝版图或者两宋时期面临的宋、辽、夏、金并立的局面，就不是不正常的，而是比较正常的状况。即《禹贡》所描述的那个时代就是华夷并存，"南夷与北狄交，中国不绝若线"①，与当时的现实非常契合。如果在这种情况下将长城绘入地图，或许是一种失落感的流露，或许只是宋人认为长城作为重要的地图标识，特别是作为区别华夷的景观标识，应该也必须被置于地图之上，当然也可能是出自官方立场的自辩。

既然长城已大体不在两宋版图之内，它就可以暂时淡出我们的视野。

契丹、党项、女真人对待长城的态度是怎样的呢？他们与其北朝的祖先非常不同，对长城的兴趣不大。辽长城的情形已语焉不详，据说辽太祖耶律阿保机的时候曾"筑长城于镇东海口"，据判断在辽宁盖州、大连金州区一带，目的是阻碍渤海与唐的联系，其实筑城的时候（908）唐朝已经灭亡。金长城或称金界壕，规模比辽长城大多了，4～5道堑壕边堡有5000多公里，大体上说，是从今天黑龙江的嫩江边向西南方向延伸到今天河北北部，就是东三省与内蒙古之间的

---

① 《公羊传》僖公四年。

藩篱，实与中原没有太多关系。此外，这些界壕并没有能挡住蒙古铁骑，特别是蒙古进入中原后，金长城向西防御的作用就完全丧失了。

今天山西东北部的代县，是雁门关的所在地。北有勾注山（雁门山）和恒山，南有五台山，中有滹沱河自东北山地向西南流过，从战国至秦汉一直是中原政权与匈奴交战的前哨阵地，十六国、北朝与辽金时期，这里都在北方民族政权的控制之下。

赵武灵王北破林胡、楼烦，设立三郡，雁门郡是其中之一，名将李牧在此大破匈奴。西汉大将卫青、李广也由雁门出击匈奴，这里的勾注山制高点西陉关，古称铁戈门，自战国以来就是兵家必争之地。当地白草口亦存汉代石长城，唐裴行俭击突厥、宋杨业破辽兵，都发生在这里。本地的所谓三十九堡，则是历代军事设施，明代修长城时重修其中的十二堡，号称"十二连城"。

边地的战乱频仍，会严重影响人们的正常生活，但也会给一些人带来机会。由于这里有大片土地无人开垦，就会吸引人们前来垦种。在代县的峨口镇，这里的郝氏家族的族谱中，收录了清代康熙时期题为《东峨口郝家街观音庙记》的碑记，里面追述了家族的祖先在五代时期从太原迁到陕西榆林，又从榆林迁到代县峨口"聚族而居"的过程。在族谱中还记载说："自始祖于宋初迁居峨口时，凡土著均有神庙，独客籍无庙，故建此庙，留梁记以贻后"。这里既有原来的居民，也有像郝氏一样的移民，他们往往以某一寺庙为认同的中心，用来区别和本群体不同的人群。

由于生活在战乱不常的年代，不断壮大自己的实力便是保障生存的必要手段。繁峙中庄乡的王氏也是宋代迁到此地，据元朝皇庆元年的《王氏世德之碑》，说他们家族虽经战乱，但一直没有离开"桑梓"。到了金代的时候，他们家族已是当地大族，王兆"从旁郡诸豪侠游，排难解纷，不避强御，众服其义。里人争讼，往往就质曲直；县长史而下，宁相结纳"。

本地大宋峪刘氏家世久远，到元代时已不知自己祖先的来历。在金元之交，刘会也是"志节豪迈，推重乡里"①。当13世纪初蒙古兵南下时，他与王兆就成为当地自治武装的首领，与蒙古人达成默契，被授以元帅之职。

代县的杨氏也采取了同样的策略。在今天代县的鹿蹄涧村，有一座规模宏敞的杨氏宗祠，祠堂中超乎寻常的是正中并非祖先牌位，而是赫赫有名的杨令公和佘太君的塑像，两侧是他们的八个儿子和家将的塑像。这座祠堂的前身是杨友在元代建造的影堂，他的直系祖先名杨延兴，即杨业第七子，

---

① 元至元年间《刘元帅墓碑》。

因此在元泰定元年的《弘农宗祖图碑》上就将杨业追为始祖。

杨业，或称杨继业，又号杨无敌，无数小说、戏曲已经让他父子家人脍炙人口，成为中原王朝抗击北方民族的象征。欧阳修在为杨业的侄孙杨琪所写的墓志铭中说，杨氏是山西麟州新秦人，"新秦近胡，以战射为俗，而杨氏世以武力雄一方"。这说明边境上的人群与北方草原民族具有相似的生活方式，所以杨业先从北汉，与宋为敌，后又降宋，抵御辽军，多次在雁门一带与辽军拉锯。

到了金元之交，情形并没有太多改变，"家世雁门马峪里人"的杨友，在蒙古攻金的时期立即降附蒙古，"迁龙虎卫上将军，镇河东北路雁门留属兼坚代永定军节度使，左领军行元帅"。这些地方势力在接受了蒙古人的委任之后，帮助后者稳定秩序，也使自己的家族和乡里的利益免受战乱的侵害。此外，杨友堂兄弟的女儿嫁给了本地在金代唯一的进士赵泰，而赵泰的外孙姚天福后来在元朝做到大都路的都总管。

这些情形说明，自五代以至于元，这些在边地上生活的人群与北方民族保持着密切的联系，与中原王朝之间的纽带并不牢固。为了确保本地的利益不受损害或者壮大家族势力，他们可以反复依附于不同政权。这无涉于道德，而主要与生存环境相关。

在这种情况下，长城大体上形同虚设。这当然是因为辽、金、元政权并没有必要沿长城部署军事防御，同时也是因为长城沿线的地方豪强始终处在首鼠两端、伺机而动的状态。

在今天的代县，我们还可以看到另外一些似乎完全不同的历史遗迹。赵武灵王庙至少在明代就已存在，至今还能想见其当年恢弘的庙貌。明代地方志记载修建的原因为"思胡服也"，意思是纪念他倡导胡服骑射的功劳，而且"王筑城备胡，起代，历阴山，故郡人功之"，同时也为称赞他在这里开始修建长城来抵御胡人的作为。在赵村赵武灵王庙中明朝万历十四年的碑记中，虽然碑文漫漶，我们还是可以大略知道，本乡崇祀的理由与他驱逐林胡、楼烦，修建长城有关。

武安君庙，或称将军庙，是纪念抵御匈奴的李牧的所在，在代县不止一处。明代城南的庙中，"李将军貌像于中，远迩感仰，享祀殆无虚日"。在雁门关，尚存明代正德年间的《武安君庙碑记》，除了颂扬李牧当年大破匈奴的业绩之外，感叹"我朝于代雁门设关，备匈奴，关险不固，岁数亡矣"。撰写碑文的是当时的山西按察副使张凤翀，他在碑文中发泄对朝廷的不满，认为过去都说李牧善战，今天守兵都有，就缺乏像李牧这样的将领。但是即使当时人相信李牧是个名将，但他一直没有胜过匈奴，不知道赵国人是不是会责备他啊？经过好几年才打了一次胜仗，便获得一世英名。于是感慨道："古今事同不同可知，岂知少李牧哉？"意思是说，现在并不缺乏李牧这样的将领，问题是朝廷和舆论能不能允许他多年不胜以至大胜的战法呢？

明末的历史证明了张凤翮并非杞人忧天，在彼时对付后金进攻的辽东经略熊廷弼、袁崇焕便都是因为采取了类似战法，落得身首异处的下场。

在滹沱河畔的上门王村，还有蒙恬墓，这是否是真的蒙恬墓不得而知，但在明代方志上便如此记载，说明又一位修筑长城和抗击匈奴的人物被代县纳入了历史。

既有蒙恬的遗迹，便不能不提及与他相关的太子扶苏。在代县，扶苏太子庙数量更多，而且这里有一条杀子河，就是说的扶苏在这里被胡亥矫诏赐死的故事。唐人陶翰诗《经杀子谷》说到此地的杀子谷，"塞下有遗迹，千龄人共传"。可见本地早有扶苏的传说。《永乐大典》"代州"条下也有扶苏庙的记载。直到晚近，据说旧代州城以东直到杀子河的18个村落，每村都有太子庙，每年阴历六月二十是太子的诞日，每村都会拉来一头羊在赤土沟献祭。这18个村落分别属于明代雁门乡下各都与中路乡的里回都，都在县境的北部、防御的前线。

当地有则民间传说，说太子庙原在一个叫庙梁的地方，太子是个胡人，他杀死的人变成恶鬼，都来欺负太子，因此庙梁是住不下去了。太子想把庙迁到赤土沟，但他到白家，白家不收留；到武家，武家也不收留。后来到了南边的庞家，庞家把祠堂让出，自己择地另建祠堂，收纳了他，一夜牛马声，庙材就搬来了。当时白、武原都是大姓，庞姓则刚刚从大名府迁来。后来，白家、武家的人都死光了，姓原的人家虽说没拒绝扶苏，但也没主动收留他，因为怕死，就搬到了段村和羊沟。现在的赤土沟村还是庞姓最多，其他的王、杨、李、张、亢、陈等姓都是后来迁入的。

这则传说似乎说明老百姓并不清楚扶苏是何人，但知道他与胡人有关。传说的背后，实际上是从河北迁来的庞氏为了说明到此地定居的合法性，利用了神灵的权威。在绘有庞氏家族世系的"容"上，记述其始祖是明朝洪武年间从宣府迁来。在不远的芳昌村的太子庙戏台上，也有"明万历十九年建"的字样，说明了太子庙与明代的关系。

李牧、赵武灵王、蒙恬、扶苏，这些修建长城及抵抗北方民族的人物纷纷成为代州这个长城地带官方和民间信仰的神灵，似乎昭示着长城内外族群间的紧张关系。当我们发现这些神灵信仰的创造和再创造都与明代直接相关时，答案也就不言自明。

1368年，元亡明兴，但在明军占据大都之前，元顺帝率蒙古贵族及其军队退入草原，并未遭遇灭顶之灾。明太祖朱元璋深知形势的严峻，不仅将其饱受历练的几个年长的儿子分封于长城沿线，而且在《皇明祖训》中谆谆告诫后世子孙，要始终视蒙古人为首要敌人。

如今山西阳高县的百姓虽然知道许多明长城的遗迹，但却未必有多少人知道，明洪武二十六年（1393）在这里设置的阳和卫，是守边的军事地理单位，当时这里的人口，大多不是军人便是他们的家属。直到清朝，这里才更名为阳高，才有了州县这样的民政建制。

今天这里老百姓的红白喜事、庙会节庆，还是会请乐班来助兴。这里的乐班分为阴阳和鼓匠两类，前者自称道士，拥有做仪式的科仪书，比后者的地位高。后者在做仪式的时候，往往只能在院子的外面。从乐器的区别来看，前者侧重于丝竹，而后者才会有锣鼓、唢呐这类响器。他们自己恐怕也无从知道，恰恰是后者，或许保留下来当年明代军礼的遗迹。

这些鼓匠的演奏主要在庙会和丧葬活动中，他们的曲目有所谓八大套曲。在两者共同参加的丧葬仪式等活动中，各个环节开始时的"安鼓""扬幡"之类是由鼓匠操作的，"开经""诵经"等则是由阴阳操作的。而"安鼓"的环节所奏之曲是《将军令》《上桥楼》等。也许谁都没有想到的是，这些旋律把明代军旅生活的一个侧面留到了今天。

明成祖朱棣本是被分封在长城沿线的藩王之一，因此他深知防备蒙古人的重要。他除了通过把首都从南京迁到北京、将亲王守边改为天子守边之外，还数次亲征漠北，但效果并不十分理想，因为一旦明军主力深入草原，机动性很强的蒙古骑兵便四散逃走，使明军无法伤到他们的元气，而在明军战线拉长、兵马疲惫的时候，他们又时常前来偷袭。明永乐二十二年（1424），明成祖心力交瘁，死在了亲征蒙古回师的途中。

朱棣登基之后的另一举措，是将位于今内蒙古托克托的东胜卫裁撤，这固然有当时蒙古势力暂时衰颓、缩短外部防线以减少边防成本的原因，但也因此将河套地区暴露于蒙古骑兵的直接威胁之下。这使得三关之一的偏头关更加"突出房地"，从此蒙古骑兵进入代州更加方便，所谓"自东胜弃而平、雁剥肤，河套失而偏、老震邻矣"。这也埋下了日后在这一地带大规模修筑长城的伏笔。

不久，西蒙古的瓦剌部强大起来，暂时统一了蒙古草原上的各部。正统十四年（1449），明英宗在出征瓦剌的途中遭遇突袭，被俘于今河北怀来的土木堡，造成震惊一时的"土木之变"。从此以后，蒙古骑兵对长城以内边镇的袭击便时有发生，只是其内部经常出现争斗，使明朝遭遇的打击和侵扰不至于十分严重。

16世纪30年代，蒙古达延汗再次统一了蒙古草原。但是不久，草原上却经历了严重的自然灾害和瘟疫。达延汗之孙俺答汗继立后，请求与明朝通贡互市遭到拒绝，引起蒙古人新一轮大规模的入边，甚至一度兵临北京城下。由于时在嘉靖二十九年庚戌（1550），史称"庚戌之变"。

虽然自明初开始，长城的修筑便不断在局部进行，但在这两次造成严重后果的蒙古入袭之间，大规模修筑长城更成为一个重大的议题。

明朝人并非不知道长城的局限性，也并非不知道其他因素的重要性。明宪宗成化年间（1465—1487）正是大规模修筑长城的发动时期，但明宪宗也认识到，"将得其人，虽一旅足为万里之长城；非其人，虽重兵不足为北门之锁钥"。明孝宗弘治年间（1488—1505），陕西巡按李鸾上疏说，现在边防上各方面条件都具备，蒙古的袭击还是屡屡得手，原因在于"典兵者"的剥削、营利、巧取，这样"欲望三军生敌忾之心，边塞有长城之恃，难矣"。

但是不修长城又如何呢？河套"地在黄河南，自宁夏至偏头关，延袤二千里，饶水草，外为东胜卫。东胜而外，土平衍，敌来，一骑不能隐。明初守之，后以旷绝内徙"。所以明成祖放弃东胜卫，使河套以北失去防守，蒙古人便能轻易入河套南犯。延绥一带防守在地理上不占优势，边将征讨又无功效，在无可奈何的情况下，只得以修筑长城来避免蒙古人的随时侵袭。

明宪宗成化六年（1470），四川人余子俊官拜延绥巡抚，当然知道这里一马平川、无险可守的道理。次年他就向朝廷上疏，建议"沿边筑墙置堡"，但尚书白圭认为这会耗损陕西民力，建议暂缓。但第三年余子俊再次上疏，说朝廷派大军征讨"套寇"，没有把后者赶走；大军如果继续在这里驻扎，所需筹集军费大约要980万两，还不如让这些运粮给军队的人去"筑墙建堡"。这个算计大概打动了明宪宗，尽管白圭依然反对，但皇帝却批准了他的计划。

明成化十年（1474），余子俊在长1700多里的长城上，每隔二三里设一敌台、崖咨，在崖咨空处建短墙，用来瞭望和躲避弓矢。总计建筑了11个城堡、大小墩台93座、崖咨819处，历时三个月。其结果是边墙以内的屯田得到保障，每年有6万石粮食收获。到明成化十八年（1482），蒙古人入袭，被守军倚长城打败。余子俊的举措被证明取得实效，他于是被升为户部尚书，后又兼大总督。

余子俊当然备受鼓舞，他立即建议在宣府和大同一线1300多里的长城上加筑高3丈（1丈约等于3.33米）的墩台440个，得到皇帝的同意。但这时朝廷之中议论四起，宦官和一些言官看不得他成为传奇人物，纷纷参劾他耗费民力，迫使他离职。但他主持修建的防御设施的确对那些小股入袭产生了明显的阻滞作用，特别是他依照山形构成连续的边墙的模式，省时省工，受到人们的赞许。

不过，由于延绥镇的迁移，河套的土地被置于长城防线以外。

嘉靖二十三年（1544），广东潮州揭阳人翁万达被任命为陕西巡抚，后又升任宣大、山西、保定总督。也许是偶然的巧合，越是南方的人对修长城越是热衷。稍早些时候，海南岛人丘浚在他那著名的讨论道德修养的《大学衍义补》中，竟节外生枝，强烈呼吁修筑长城，认为余子俊只修墩台还不够，还要修墙体。

翁万达是很认同城墙工事的重要性的，他曾引《易经》的语录"王公设险以守其国"来论证他的边防策略："'设'之云者，筑垣乘障、资人力之谓也。山川之险，险与彼共。垣堑之险，险为我专。百人之堡，非千人不能攻，以有垣堑可凭也。"[①]他强调的不是天险，因为天险是和敌人共同享有的；他强调的是人主动设置的险阻。所以他也继续在大同到宣府一线下功夫，在大同镇范围内修了138里边墙、7个边堡、154个敌台，在宣府镇范围内修了64里边墙和10个敌台。此后他又向皇帝申请经费60万两白银，修宣大边墙800里。

当然翁万达仍把边军的因素看得很重，曾多次进行整顿，

①　《明史》卷一九八《翁万达传》。

大胆起用败军之将，弹劾盘剥士兵的将领，因此与强大的俺答汗对峙数载，使其不敢大规模进犯，边地生产得到保障。兵部官员、著名文学家唐顺之于是写下《塞下曲赠翁东涯侍郎总制》一诗："湟川冰尽水泱泱，堡堡人家唤莳秧。田中每得鸟兽骨，云是胡王旧猎场。"

但翁万达并非主战派。当时曾铣提出"复套"，得到朝中主政的首辅夏言的大力支持，而翁万达却主张接受俺答汗希望通贡互市的请求，承认目前双方的现状，但这种在表面上示弱、事实上却符合实际形势的立场并不能得到舆论的支持。

嘉靖二十八年（1549），翁万达因父亡回乡守制，次年，俺答汗兴兵突破古北口，进逼北京。

明隆庆初，湖北人张居正主政，他的边略是"外事羁縻，内修战守"，这就与余子俊、翁万达的方略一致。所谓"外事羁縻"，就是接受蒙古人的通贡要求，这就有了"隆庆和议"；所谓"内修战守"，就是要加强防御，这便包括了修长城之举。

此时所修长城主要表现于蓟镇，由蓟镇总兵戚继光负责实施。戚继光虽然是山东济宁人，但他长期率兵在浙江、福建一带打仗，已经对北方兵丧失信任。在他后来修筑蓟镇长城的过程中，曾建议只用北方兵修城，而修好后守城的必须是南方兵，因而引起北方将领的强烈不满。

今天河北迁西县的三屯营，前有青山关长城，后有景忠山，这个风景如画的地方就是当年蓟镇总兵府的所在地，目前存留的《重建三屯营镇府记》《戚宫保功德碑》《创建旗纛庙》等碑刻，记录了当年蓟镇在长城防线上的重要性。

戚继光所修蓟镇范围内的长城，主要是加高加厚，并大量建置空心敌台，用来屯兵。后来修建的空心敌台均有三层，可容纳 30 ～ 50 名士兵驻守。蓟镇到昌平的两千千米长城线上，有这类敌台 1337 座，大部分在蓟州境内。他还在山海关到居庸关沿线修造墩台 1000 多座，与长城沿线各种防御措施互为表里，相互呼应，形成一道空前牢固的防线。

以余子俊、翁万达和戚继光为代表所主持的明代后期长城修筑工程，可以作为典型的分析案例。他们在修造长城时都是力排众议、艰难非常，结局也颇不尽如人意。

反对者声称，修筑长城耗费民力、财力，这个理由具有极大的影响力，因为历史上有许多滥用民力而导致王朝崩溃的实例。然而，工程却屡屡获得朝廷的批准，原因在于，与大量屯兵来对付蒙古人侵袭或者主动出击所用的军费相比，修长城还是要省钱很多。

已有学者计算出，余子俊修长城的预算是："役陕西运粮民五万，给食兴工，期两月事毕。"①5万运粮民干60天，总共300万个工作日，按当时的每日工价三分银子计算，共需9万两白银，不足延绥镇每年军费开支的1%。即便如此，余子俊因为白圭以陕西"民困"为理由反对，仍试图寻找更廉价的方法。他最后用了4万军人，"不三月而成"。但是，正如朝廷用8万大军作战要花980万两军费一样，动用4万军人修工事也未必廉价。假如以同样的比例来计算的话，4万人用两个半月，需要花102万两白银，虽比动用运粮民贵了十几倍，但还是比军费便宜得多。

翁万达的第一次工程预算29万多两，实际上只用了20万两，用了50多天，工程距离200里，大约每米造价2两；第二次工程的预算60万两，修造工程800里，虽不知最后实际开销，只从预算看，每米造价就更便宜了，大约只有1.3两。考虑到嘉靖年间的物价比成化时有较大提高，所以实际造价还是与余子俊当时差不多的。

蓟镇长城就不便宜了，因为它的主体不是夯土，而是砖石结构，墙体高大宽厚，如果加上空心敌台，造价定然不菲。嘉靖三十九年（1560）时唐顺之上疏谈到两种算法，一是"以派夫计之，每夫月给银二两；若派百夫，计费银二百两；而百夫筑墙，月以二丈为式"。这样每人的日工价约为

---

① 《明史》卷一七八《余子俊传》。

6.7分银子，每米造价则在30两上下！另一是"以雇役计之，每墙一丈，费银十五两，则派夫二丈之费可得十四尺矣"，这样每米造价不到4.7两。所以唐顺之大声疾呼："今筑征银雇募，则官得七倍之赢，民免去家之扰。"这30两与4.7两之间，约6倍的差距。

到戚继光修长城的时代，虽然大量使用士兵修筑工程，势必大大降低成本，但造价已不可能比成、嘉时更低，好在换来的确是优质。在戚继光死后的万历四十年（1612），有官员看到，"边垣无岁不修，亦无岁不圮"。但是，"夫蓟门之地，非继光治兵，兵不治；非继光治边垣，垣亦不治。至于今四十年，犹曰：此继光之壁垒楼台也"。

要而言之，在众说纷纭之间，为什么倡议修筑长城者占据了上风，使得我们今天还能看到砖石结构的，配备高大敌楼、墩台、烽堠等的明代长城曲折蜿蜒于崇山峻岭之上？

经济账最具说服力。蒙古人的侵袭是事实，需要长期动员兵力、耗费国力也是事实，因此相形之下修长城似乎是划算的。当时的人似乎不会相信，有什么除用兵以外的办法可以一劳永逸地解决蒙古的问题。那么，是愿意无休止地集结军队去往草原寻找战机，还是愿意以较小的代价修建长城、以守为攻？

答案似乎是不言自明的。

不知从何年何月开始，陕北民歌《蓝花花》的开头是这样唱的：

青线线（那个）蓝线线　蓝格莹莹（的）彩，
生下一个蓝花花实实地爱死人。
五谷里（的那）田苗子　数上高粱高，
一十三省的女儿（哟）就数（那个）蓝花花好。

歌词中的"一十三省"无疑是明代的建制。在一首民歌中留下关于明代的痕迹，说明明代在当地的历史记忆中具有重要的位置。无论在此前的元代还是在此后的清代，陕北的延绥和榆林都没有那么重要的位置，只是到了明代设立九边，大批军人及其家属在这里戍守，其地位才空前凸显。

人们在今天陕西府谷木瓜乡发现的一块署明万历四年（1576）三月的石碑上，有这样的字迹：

神木兵备□为申严墩守□。奉抚院明文，仰各墩军□。此碑常州在墩□挂□□防□不许私离□地，□回城堡□失器□如达□以军法重治。若军有事故，即禀守□□□补木瓜园堡操守王济坐堡李锐下本守二十墩，西去永宁二十一墩一里零三十七步。

计开常州守瞭墩军五名：一名刘奉，妻□氏；一名赵

□□，妻所□；一名李生，妻□氏；一名杨文斌，妻全氏；
一名王宗，妻蒋氏。

器物：黄旗一面、锅五口、瓮八口、梆二个、盔五顶、
甲五付、弓箭三付、刀三把、□□十根、生铁□尾炮一位、
百胜鈅三□、三眼炮一杆、小铁炮一个、铅子四十个、火草
一个、火线五十条。

东路兵备道提边委官绥德实授百户仵勋。

白水县石匠曹登云男曹□儿造碑。

万历四年三月□□日□中□乾□□坐□□^①

按照明朝万历时期的制度，守卫墩台的军士为 5 人，他
们都携带妻子一同生活。除了简单的生活用具之外，主要配
备了各种冷热兵器。大约三人各配备刀、弓箭和一种轻便火
器，其他两人为炮手。

可能由于延绥、榆林一带是重点防御的地区，所以武器
配备规格较高。比较另一篇万历年间甘肃镇守墩的碑文，其
装备是"钩头炮一个、线枪一杆、火药火线全；军每名弓一
张、刀一把、箭三十支；黄旗一面、梆铃各一付、软梯一架、
柴堆伍座、烟皂伍座、擂石二十堆"。也许主要是负责在有

---

① 作者自录，碑文可参见陕西省考古研究院编：《陕西省明长城资源调查报
告》第 1 册，190 页，北京，文物出版社，2015。

警时点燃烽燧。

这些墩台大约间隔一二里，统属于军堡。今天陕西府谷县城西北约 80 里的新民乡，是当年榆林镇的镇羌堡，它的西北到边墙大约 10 里，西南距永兴堡 40 里。这座军堡位于高山之上，举目四望，视野辽阔。堡城开东、北、南三门，均筑有瓮城。而西面是前线，出于安全的考虑，并无堡门。

而在榆林城南约 40 里的刘官寨乡有个归德堡村，就是当年榆林镇下的归德堡。成化十一年（1475）由余子俊建成后，又在嘉靖年间用砖包砌城墙。堡地势东高西低，东侧山体险峻，具有自然保障，因此堡城开一东门，外有瓮城。堡西有榆溪河流过，这在明代是堡城的唯一水源，又是运输要道。因西面临河，地势较缓，遭遇威胁的可能性最大，也不利于开门。

这些军堡中的士兵除了战守之外，还需要承担修筑长城设施的役务。在今天山西大同得胜堡的南城门洞东墙上，留有一块石碑，碑文中说："……因其人稠地狭，原议添军关城一座，东、西、南三面大墙，沿长二百二十八丈，城楼二座，敌台角楼十座，俱各调动本路镇羌等七堡军夫匠役共计一千一百八十八名。原议城工俱用砖石包砌，于万历三十二年七月起，三十五年八月终止"。一共三年多的工程，比预算节省了 1700 多石口粮、451 两银子。

由于长城沿线地区经常发生战事，除了官方设置的军堡之外，普通百姓为了保障一方，也往往建立堡寨，称为民堡。今天河北张家口的蔚县，在明代称为蔚州，也是万全都司下的蔚州卫。遥想当年，这里号称"八百庄堡"，至今还留下一二百座堡寨，其中既有军堡，也有民堡。

当地很多乡村的村口都建有高大的堡门，门楼上往往建有庙宇，既可护佑村庄的安宁，又可以用作观察敌情、防御侵扰的屏障。与堡门相连、环绕村庄的一般是夯土堡墙，有些地方的堡墙还保留着垛口，有些堡门内还另建有瓮城，如暖泉镇的西古堡。

堡内一般都在南入口建堡门，堡门之内，一条南北走向的大道通向村堡北端，但往往不建北堡门，而是在堡墙的最高处修建庙宇，多为真武庙，因为真武大帝主镇北方，象征对北方敌人的震慑。以南北主街为界，堡内往往划分为东西两部分，东西走向的小巷又将民居错落有致地分开。

这里的堡寨，从洪武年间就开始修建，如统军庄堡就修建于洪武四年（1371），前千胜疃大堡建于洪武三年（1370），东吕家庄正堡建于洪武元年（1368），它们都是明代蔚州卫的军堡。

不过，这里的大量堡寨出现在明中叶，这与这一时期蒙古人的频繁侵袭有关，也与朝廷加强长城边防有关。这里保留至今的堡门上的题字往往记录了该堡的修建时间，如卜家庄北堡的堡门上题有"正德十一年□立，嘉靖二十七年□□□□"的字样；上苏庄堡的堡门上刻有"嘉靖二十二年仲秋吉日建立"的字样；相隔不远的崔家寨堡的堡门上依稀可辨认出"大明国山西大同□□□崔家寨堡，嘉靖二十□□□"的字样。此外，万历年间还有过大规模建堡的记载。

民堡也带有鲜明的军事色彩。在明后期的单堠村，王氏是大姓，万历十三年重修关帝庙的时候，村堡捐资善人的首位是"堡官王世虎"，与堡众的题名分开，单列一行。在堡众题名中，王氏题名占总人数一半以上，而世字辈者题名于其他王姓堡民之前,可能说明王世虎是单堠村大姓王氏的长者。

万历四十一年（1613），闫家寨堡新开堡门一座，碑文中记载："蔚郡城西北乡闫家寨堡堡官薛世今等合村谪谋新修□□开门一座。"其修建目的是为"保障一方，令世人□兹畜兴旺平安，永远坚固门□，合村夆保"，后面有各种基层管理人员题名。从碑刻的文字表述和题名顺序来看，堡官是位次最高者。其下还有"堡长任继安"的题名，可见这些堡寨的基层管理体系与内地不同。

具有鲜明军事色彩的绝不只是乡村中的堡寨。

蔚州城和那几百座堡寨一样，北面不开城门，但和其他三面一样，有巍峨的城楼，叫做作边楼。靖边楼上因为供有玉皇大帝，所以又叫玉皇阁。虽然叫玉皇阁，但里面最重要的神祇却不是玉皇大帝，而是威震北方的真武大帝。在玉皇阁下的碑刻中明确写道：

蔚州城垣创建于故明洪武乙酉，城楼凡二十有四，独北楼弘整而高峻，意或有所不能起建城之。周将军房于九原而□之矣。正德间，孙公成以协镇守兹土，奉玉帝其中。

另一块碑刻记载：

北故无门，而楼则与东西南并峙。城外包以砖石，高厚峻整，极为坚致，屹然云朔一巨防也。窥者知其不可犯，号为"铁城"，而边人称城之坚固者，亦必曰蔚州。

从这些碑文和碑刻上的题名可以看出，从开始建造蔚州城墙的蔚州卫指挥周房，直到日后重修城防的主持者和参与者，大都是这里的军官。但到万历年间重修玉皇阁时，除了武职和蔚州的文职官员以外，赞助者出现了许多本地城乡的居民，特别是有许多商人的身影。这说明隆庆和议之后，边境局势大为缓和，蔚州开始从一个纯粹的边防重镇向一个重要的商埠转变。

现存蔚县单堠村关帝庙院内的万历十三年（1585）《重

修关王祠记》说得很有代表性："迨至明兴，虏酋叩关，款塞通贡，隆庆以来，世际清平，闾阎殷富"。

明亡清兴。

以长城御边的历史到此画上了句号，但长城及其两侧人们生活的历史却依旧延续。

后世总以清兵入关灭亡了明朝作为明朝大修长城徒劳无益的证据，但是一首《圆圆曲》及其指斥的吴三桂引清兵入关的事实，恰恰证明明朝的灭亡与长城防御是否有效无关。

迁西的景忠山上至今留下一方石刻棋盘，传说是戚继光到景忠山进香，路遇一道人，招呼戚继光与他下棋，结果下了一整日，也未分出胜负。老道笑道："和为贵，和为贵。"倒骑驴而去。戚继光这才意识到老道是张果老。不知这个民间传说起自何时，因为戚继光修长城的时代本是张居正与蒙古修好的时代，但至少反映了明清之际民众渴望和平的心态。

景忠山虽因山上纪念诸葛亮、岳飞和文天祥的三忠祠而得名，也有很重要的佛教传统，但这里最有影响的神祇是碧霞元君。当地民间还流传着碧霞元君与她哥哥玄武大仙争山的传说，据说碧霞元君使计胜了，气得玄武只好担着景忠山的水跑到北面的玄武山去住。玄武也即真武，在北方防御蒙古的城堡的寺庙中，他往往是塑于北阁的最高神；同时，由于明成祖和明世宗的强化，真武信仰已属于国家正祀，以至远在广东，北帝庙也相当普遍。碧霞元君是女性神祇，其保佑生儿育女的神格特别受到强调，但她在明代还属于民间信仰。在这个传说中，把碧霞元君信仰地位的树立与真武信仰地位的消退并立，一个日常生活的象征取代了一个战争的象征。这个变化，包括前一个传说所传达的意味，大概都是清代康熙封赐这里的碧霞元君以后发生的吧！

康熙三十年（1691），多伦会盟。

由于蒙古的内附，边境线大幅度北移至漠北喀尔喀之外，大同、宣化等明代边防重镇不再处于边防线上，而是成为沟通中原与内蒙古地区的重要通道。在多伦会盟后，应蒙古部众的要求，康熙帝准许内地汉商出长城深入蒙古各地进行交易。随着越来越多的汉商日益深入蒙古各个角落，张家口等昔日的边防重镇逐渐转变为旅蒙贸易的中转站。有学者考证，至少到乾隆中叶，张家口已经成为中俄恰克图贸易的重要转运枢纽。民国时人在对口北六县进行调查时，曾发出如许感慨：

终明之世为边防重地，清由满洲入关，奄有北国，乃设张家口、独石、多伦额尔三理事同知，以听蒙古人民交涉之事。自此烽火不兴，商农聚集，情势与古大异。盖明为屯兵之地，至清以政治统之也。

蔚州城上的玉皇阁在康熙五十五年（1716）到五十八年（1719）再度重修，出资出力的人除了地方官员、士绅之外，最大量的是本城的"铺行"，碑记题名中有95个，另外还有吉家庄和白乐这两个市集的铺行20个。而到乾隆年间，参与重修玉皇阁的商铺数达到两千家以上。

在乾隆四十六年（1781）的重修碑记中，修缮工作的主要负责人都是商户，特别显示出蔚州所谓"四行"的重要性。这四行是蔚州的主要行业，即钱行、当行、缸行、铺行，因此这次修缮的主力是四行中的钱铺4家、当铺7家、缸房2家、商铺6家。

此外，在碑阴题名中除了大量钱铺、当铺、缸房、商铺的铺户名号外，还有大量其他行业的铺户，如油铺、布店、烟铺、衣铺、作房、铁铺、饭铺、纸房、菜房、篓铺、线铺、面房、饼铺、铁铺等。除了缸行、染行等行业性组织联合题名外，尚有独立铺户题名236家，还有一些商人的个人题名。

这种状况一直延续到清末民国时期，而且在光绪年间（1875—1908），由于玉皇阁的修缮都由商人出资，因此官府不得不明确，玉皇阁的日常管理也不再由僧道负责，而由商人主持。

这些商人在公共事务上踊跃，不仅说明了他们的经济实力，而且说明他们试图通过这样的举动显示他们在地方事务上的重要地位。

玉皇阁终于变成了一座商人的庙宇，而蔚州也终于完成了它向一个商埠的转变。这座庙的历史成为北方边城社会变迁的一个缩影。

站在玉皇阁上遥望四野，清代人对这一巨大的变化不无得意地感慨：

> 蔚地不乏胜景，孰如此阁居高眺远，四野风景，指顾了然。东望摩笄山代王故城，基趾犹在；西望灵邱赵主父之墓，依稀存焉；其南则飞狐、倒马诸关，想山后杨家备兵屯粮处，历历可指；而其北则有奉圣川故迹，盖皆古之用武地也。慨自石晋以燕云十六州畀契丹，蔚列其内。历宋、元、明数百年，无日不在金戈铁马中。惟我朝二百余年，风鹤无警，驿马不惊，吏习其治，民乐其生，盖天下之平久矣。

无数历史的支流总以人们未曾想到的方式交汇到一起，汇成波涛汹涌的长河。隋炀帝为了有效地控驭南北而修建的大运河，被康熙皇帝和乾隆皇帝利用，在突破长城的界限向北、向西扩展势力的同时，成为多次南巡的通道。

康熙二十三年到四十六年（1684—1707），康熙皇帝先后6次南巡。后世的历史学家常把这6次南巡与治理黄河、淮河以及漕运相联系，因为康熙皇帝把治河与漕运当作他治国的头等大事，始终牵挂于心。他每次南巡，都要视察河工，他自己也不断重申："朕此行特为百姓，阅视河道。"

但是，康熙南巡的目的却不那么简单。

康熙二十二年（1683），清朝从郑氏政权那里收复了台湾。但消灭了郑氏政权之后，台湾是否需要保持在清帝国版图之内，朝廷中却有一番激烈的争论。有人认为台湾为"海外泥丸，不足为中国加广；裸体文身之番，不足与共守；日费天府金钱于无益，不如徙其人而空其地"。即使康熙帝也曾认为"台湾仅弹丸之地，得之无所加，不得无所损"[1]。这都说明当时的朝野上下目光相当短浅，对国际局势并不十分了解。康熙二十二年十二月二十二日，熟悉台湾及海峡两岸形势的施琅向朝廷上了著名的《恭陈台湾弃留疏》，清楚地说明了台湾对于清帝国的重要性。考虑到"台湾有地数千里，人民十万，弃之必为外国所据"这样的安全问题，这才最后得到康熙帝的采纳，将台湾收归大清版图。

在今天看来，这个国家安全的问题并不难理解。

16世纪晚期到17世纪早期，世界进入了一个海上贸易的时代。这一方面是新航路开辟导致的欧洲殖民扩张，另一方面，东亚的中国和日本的海上贸易也处在一个活跃的时期。在一些与东南亚做生意的中国海商的帮助下，葡萄牙人

---

[1] （清）王先谦：《东华录》卷一〇七。

在1511年就已控制了马六甲港，1557年则进据澳门，进而与中国和日本进行贸易。同时，西班牙人在1571年前后占据了菲律宾群岛，营建马尼拉城，作为美洲白银交易中国丝绸的中转站。17世纪初，荷兰人力图取代葡萄牙和西班牙在东亚的势力，在巴达维亚（今雅加达）站稳脚跟，在夺取澳门失败后，试图占据澳门与日本航线之间的澎湖列岛。明朝福建巡抚南居益等与荷兰人达成协议，让他们放弃澎湖列岛，条件是默许他们据台湾经商。事实上，早在1592年，日本丰臣秀吉就企图占领台湾；1616年时也曾有日本船队试图入侵台湾地区，但都未能如愿。1624年，荷兰人在台南建筑城堡；1626年，西班牙人也针锋相对地在北部的基隆建立了据点。

台湾之所以成为这样一个必争之地，是因为它一方面正处在华南与日本贸易的航路上，另一方面也是打入东南亚的欧洲殖民者与中国和日本做生意的居间之地。而这条商路之所以变得十分重要，在于这一地区所涉及的白银贸易导致了1570—1630年全球性贸易发展的高峰。1637年，一位西班牙官员写道："中国，总的来说，就是欧洲与亚洲白银的聚集地。"由于中国对白银的需求量增大，日本首先成为向中国的白银出口国，以其换取中国的丝绸等物；其次就是西班牙，他们为了换取中国的货物而大规模开采美洲的银矿，其结果当然不仅是造就了这些殖民帝国的强盛，也不仅是导致了影响整个世界的"价格革命"，还使得台湾从一个不为人知的岛屿变成了对很多人利益休戚相关的要地。明朝官员对澎湖的认识便可以作为代表："臣星驰至海上，审视情形，料理戎事，始知澎湖为海滨要害，屏蔽八闽，通吕宋、琉球、日本诸国必泊之地，商渔舴艋，日往来以千数。"

就在决定将台湾置于大清管辖之下的当年，康熙皇帝决议南巡，事情就不那么简单。他在出巡之前三个月，向派去广东、福建放宽海禁的内阁学士席柱详细了解广东、福建、浙江数省的情况，中间也顺便问到靳辅治河的进展和江南的收成，显然是在为南巡做准备。广东和福建并未在南巡的路线中，浙江也与治河没有直接关系，但它们却是沿海防线的重点。

康熙皇帝所面对的已经不再仅仅是以往历朝历代的北方"塞防"问题，他还要面对"海防"的问题，还要面对一个更加复杂的国际新格局。

康熙皇帝之后，乾隆皇帝为了效法祖父的作为，又曾6次南巡。关于乾隆南巡，后人有许多非议，也留下无尽传奇，但在他自己撰写的《御制南巡记》中说："予临御五十年，凡举二大事，一曰西师，一曰南巡。"所谓"西师"，是指在他统治的时期最终平定准噶尔蒙古，由此蒙古草原和青藏高原获得安定局面。把"南巡"与此相提并论，作为他登基

50年来两件最重大的成就之一，便不是一句游山玩水所能概括的。

与康熙南巡相同的是，乾隆南巡的重要目的之一也是视察河工，所谓"南巡之事，莫大于河工"。但与康熙时不同的是，乾隆皇帝还非常重视浙江的海塘工程，所以他6次南巡，有4次前往海宁视察塘工。

海塘的修建和加固，当然是为了防御海潮的冲击。从明代开始，浙江沿海就有修筑海塘之举，但直到清初，都是采取征调夫役的方式。为了围困台湾的郑氏政权，顺治末年开始在东南沿海实行"迁海"，将沿海居民尽行内迁30里，然后在沿海筑垣墙、立界石、修塞墩，俨然是小型的长城。但浙江修筑海塘的地带，就可以塘闸代替，用于防御性的军事用途。从康熙末年起，浙江海塘已逐渐开始用国家的经费兴修，而且在雍正时将海塘的管理改为军队体制，设立海防道和海塘兵丁。这说明海塘的修筑已经成为真正的国家工程，而且其意义绝不仅仅体现在水利方面。

清初战火的硝烟已经散尽，但是江南抗清斗争对统治者的震撼并未完全消失。在这个经济上最富庶、文化上最发达的地区，往往通过科举功名进入朝廷最高层的人数最多，他们既是统治者依赖的基石，又是其警惕防范的对象。因此康熙皇帝和乾隆皇帝的南巡，其重要目的是对江南汉人士绅怀柔笼络，对可能存在的威胁加以震慑。

特别不同的是此时的国际局势，欧洲人频繁要求与中国通商，而明代中叶以来沿海的私人海上贸易便极为发达，康熙皇帝在首次南巡前就知道，"百姓乐于沿海居住者，原因可以海上贸易捕鱼之故"；"今虽禁海，其私自贸易者何尝断绝"？而在经济和文化上占有巨大优势的江南汉人，再与西洋外夷频繁往来，壮大自己的实力，开阔自己的眼界，这对于非常熟悉西洋"奇技"的康熙皇帝及其子孙来说，显然是一个隐忧。

于是，乾隆皇帝下江南时，曾几次在江宁、京口、杭州举行阅兵演武，这与他们在热河与蒙古王公一起围猎骑射一样，都有向潜在的敌人显示帝国强大的作用。一次，乾隆皇帝在杭州阅兵后写下一首诗，其中有一句说："已向会稽陟禹迹，便教浙水诘戎兵"。

康熙皇帝与乾隆皇帝都曾在南巡时前往绍兴大禹陵祭祀，表面上是为了河工或塘工等水利工程来祈祷这位治水大神的保佑；但乾隆皇帝的这句诗，是希望在祭祀了大禹之后就能让钱塘江水抵挡敌人的军队，这多少暴露出他们内心里的别样心思。

清朝的确没有在北方大修长城，它以完全不同的方式向草原和绿洲拓展。但是，它面临着新的问题：如何对付万里之外的西洋夷人？从表面上看，他们与草原民族如此相似：

要求通商互市，否则便以武力相挟。在康熙和乾隆的时代，虽然这种威胁的程度与若干年后还无法相比，但却已初露端倪。

康熙皇帝的确以不修长城而自豪，但是，假如他生活在一百五十年之后，面对以现代机器工业为基础的西方坚船利炮，他会怎样来应对呢？我们不知道答案，但有一条可以肯定：修长城已经无济于事。他们已经找到了应对草原民族的办法，因此可以不修长城；但是，他们还没找到如何应对海上敌人的办法，他们还在摸索。

修筑长城以御敌的时代已经过去了，但长城依旧，它凝聚着无数人的历史记忆。汉人、匈奴人、蒙古人……无数悲欢离合，无尽大漠悲歌，似乎过去的一切都可以让长城来告诉我们，告诉我们的子孙后代。

每个人的心中都有自己的一座长城，但对一个民族来说，长城是天平，它衡量着这个民族的每一个成员，谁尊重历史、珍视历史，而谁忘记历史、扭曲历史，甚至成为历史的罪人。

难道这还不是最可宝贵的吗？

◎ 后　记

　　年届花甲，按一般的规矩，就算进入了退休的倒计时。承蒙学界和出版界的朋友看重，先后出了几本文章的合集，有论文，有评论，有随笔，都是历年旧作，这说明我的学术或写作生涯进入了末期。

　　甚至，我和几位老友耗费了很多心血但又历经曲折的《中国大通史》经过 20 年的时间，居然也在今年问世了，不知这算幸还是不幸。我前不久在一个年轻人培训的场合提到，"8"这个数字对我来说的确是幸运的：40 年前的 1978 年春天，我入大学学习历史，由此开启了终生的事业；20 年前的 1998 年秋天，我开始招收第一届研究生，从此有了血缘之外的传人；再过 20 年便到了今天，仍然是个收获的季节。

春祈秋报，我应该感恩所有我认识的人。

我写作的高峰是在 25 岁到 50 岁，出版的专著和译著都在这期间，虽然有这样那样的不成熟和错误，但总归不算炒冷饭。此后战斗力锐减，对自己的反思也日益增多，不愿意再对不起读者的期许，因此便有意做了减法。

当然历史学者的写作生涯不同于文学，有的厚积薄发，有的少年有成，各有各的特点和习惯，没有一定之规。我确信我属于老年昏聩那一类，所以希望尽早收手，但同时也像振满兄说的那样不悔少作，应该是我的最佳选择。

但是，正如 40 年前那句人们耳熟能详的话，"人还在，心不死"，在这有生之年，只要心不死，眼还动，我就会胼手胝足，努力前行。但如果实在没有了新思想，我就会去修闭口禅，不要讨年轻人厌烦。

少时，很喜欢东坡居士的《定风波》；老了，写不了多少东西，但这一点性情还是未变：

莫听穿林打叶声，何妨吟啸且徐行。竹杖芒鞋轻胜马，谁怕？一蓑烟雨任平生。

图书在版编目（CIP）数据

眼随心动：历史研究的大处与小处/赵世瑜著. —北京：北京师范大学出版社，2019.8

（行者系列）

ISBN 978-7-303-24636-6

Ⅰ.①眼… Ⅱ.①赵… Ⅲ.①史学-研究 Ⅳ.①K0

中国版本图书馆 CIP 数据核字（2019）第 070328 号

营 销 中 心 电 话 010-58805072 58807651
北师大出版社高等教育与学术著作分社 http://xueda.bnup.com

YAN SUI XIN DONG
出版发行：北京师范大学出版社 www.bnup.com
　　　　　北京市海淀区新街口外大街 19 号
　　　　　邮政编码：100875
印　　刷：三河市兴达印务有限公司
经　　销：全国新华书店
开　　本：890 mm×1240 mm 1/32
印　　张：10.375
字　　数：200 千字
版　　次：2019 年 8 月第 1 版
印　　次：2019 年 8 月第 1 次印刷
定　　价：59.00 元

策划编辑：宋旭景　　　　　责任编辑：赵媛媛　姚安峰
美术编辑：王齐云　　　　　装帧设计：王齐云
责任校对：丁念慈　　　　　责任印制：马　洁